Lieutenant SEGONDS
Du 1er Régiment de Zouaves

La Chaouïa et sa Pacification

ÉTUDE SOMMAIRE
DE L'ACTION FRANÇAISE DANS LA RÉGION DE CASABLANCA
JUSQU'AU 1er JANVIER 1909.

Avec 2 croquis dans le texte et 1 carte hors texte

(Extrait de la *Revue d'Infanterie.*)

PARIS
Henri CHARLES-LAVAUZELLE
Éditeur militaire
10, Rue Danton, Boulevard Saint-Germain, 118
(MÊME MAISON A LIMOGES)

La Chaouïa

et sa Pacification

Lieutenant SEGONDS

Du 1er Régiment de Zouaves

La Chaouïa et sa Pacification

ÉTUDE SOMMAIRE
DE L'ACTION FRANÇAISE DANS LA RÉGION DE CASABLANCA
JUSQU'AU 1er JANVIER 1909.

(Extrait de la *Revue d'Infanterie.*)

PARIS
Henri CHARLES-LAVAUZELLE
Éditeur militaire
10, Rue Danton, Boulevard Saint-Germain, 118

(MÊME MAISON A LIMOGES)

Officiers décédés au cours de la campagne en Chaouïa.

MM.

Provost, chef de bataillon (légion étrangère), tué au combat de Sidi-Moumen, le 3 septembre 1907.

Benizza, lieutenant au 2e tirailleurs algériens, tué le 3 septembre.

Pillot, lieutenant (légion étrangère), victime de son dévouement le 7 septembre, sur la plage de Sidi-bel-Yout.

Ihler, capitaine au 1er chasseurs d'Afrique, tué le 19 octobre.

Segonne, lieutenant au 1er spahis, décédé à l'hôpital de campagne (Casablanca).

Crémadels, lieutenant au 1er tirailleurs, tué accidentellement, le 2 janvier 1908 (sauvetage de la *Nive*).

Crotels, lieutenant au 3e chasseurs, blessé le 15 janvier (combat de Settat), décédé ultérieurement (hôpital d'Oran).

Ricard, lieutenant au 3e chasseurs, tué le 2 février (Dar-Ksibat).

Fallex, capitaine (légion étrangère), blessé le 2 février, décédé ultérieurement.

Boulhaut, lieutenant au 4e tirailleurs, et Ahmed, lieutenant indigène, tués au combat de Ber-Rebah (16 et 17 février).

Merle, lieutenant au 5e chasseurs, mortellement blessé le 29 février au combat des Rfakhas (Souk-el-Tnin).

Du Boucheron, lieutenant au 1er spahis, et Sylvestre, lieutenant au 6e chasseurs d'Afrique, tués le 29 mars, au combat de Sidi-Aceila.

Loubet, capitaine au 2e tirailleurs, tué le 8 avril (Settat).

Blondin, lieutenant du génie, décédé le 29 octobre 1908 (hôpital de Ber-Rechid).

Méaux, lieutenant (goum marocain), tué en mars 1910 dans une opération de police aux Zaër.

Des mausolées commémoratifs, entretenus par « l'Œuvre des tombes de la Chaouïa », création de M. le général d'Amade, ont été élevés sur tous les champs de bataille, à la gloire des soldats français tombés autour de Casablanca pour la cause de la civilisation.

La Chaouïa
et sa Pacification

> « La tâche d'un soldat n'est jamais finie. » (Général D'AMADE.)

I

Coup d'œil sur la Chaouïa.

Malgré la fécondité exceptionnelle de son sol, qui avait attiré beaucoup d'Européens avant la fin du XIXe siècle, malgré la bonté de son climat et la facilité relative de ses rivages, la Chaouïa (déjà explorée par Théobald Fischer, en 1899) n'était guère plus connue que le reste du Maroc, avant la publication des études approfondies du docteur Weissgerber (1) et le relevé d'itinéraires du commandant Larras (2), dans ces dernières années.

A ces deux explorateurs sont dues les cartes utilisées au corps de débarquement pour la direction des opérations militaires.

---

(1) Le Dr Weissgerber, médecin du sultan Abd-el-Aziz, fit un long séjour à Casablanca et en Chaouïa.

(2) Le capitaine Larras, de la mission française au Maroc, releva, de 1900 à 1903, 8.500 kilomètres d'itinéraires, dans le quadrilatère Agadir, Atlas, Fez et Tanger. Il a fait depuis de nouveaux voyages en Chaouïa, en compagnie du géologue Brives.

Il convient d'ajouter aux noms précédents ceux de MM. Doutté, Gentil, et du lieutenant de vaisseau Larras (mission hydrographique).

Limites de la Chaouïa.

La Chaouïa est le pays de résidence et de parcours des tribus de la famille chaouïa. Elle fait partie de cette longue zone de plaines et de plateaux qui sépare l'Atlas marocain de l'océan Atlantique, sous le nom de Rharb (au nord), Zemmour, Chaouïa, Doukkala, Abda et de Sous, enfin au sud d'Agadir.

Située entre le 32°,39' de latitude nord (Mechra-Chaïr) et le 33°,51' (embouchure de l'oued Cherrat), la Chaouïa se trouve sensiblement sur le même parallèle que la région oranaise du Kreider, Méchéria, Chellala, Aïn-Sefra. Son point le plus oriental (Sokrat-Djedja) est sur le 9°,10' environ de longitude est. Son point le plus occidental (embouchure de l'oued Oum-er-Rbia) est par 10°,42' de longitude ouest.

Le docteur Weissgerber lui assigne comme limites: au nord, l'océan Atlantique, qui baigne ses côtes sur une longueur de 130 kilomètres environ ; à l'est, le cours de l'oued Cherrat, jusqu'aux rochers dits « Sokrat-Djedja », sur la rive droite de l'oued en Nedja (source de l'oued Mellah)), vers le 33° de latitude ; au sud, une ligne incurvée rejoignant l'oued Oum-Rbia à Mechra-Chaïr ; enfin, à l'ouest, cette dernière rivière, frontière naturelle, englobant dans la Chaouïa les tribus Chiedma et Chtouka, qui appartiennent de par leur race aux Doukhala, dont elles sont émigrées, mais qui confondent leurs intérêts avec ceux des Chaouïas. Ainsi définie, la Chaouïa correspond à peu près à la région appelée Tamesma par les anciens géographes, et qui s'étendait de l'oued Bou-Regreg à l'oued Rbia, et de l'Atlantique à l'Atlas.

La Chaouïa confine donc au nord-est au pays Zaër, qui, par les plateaux de Zemmour, mène à Mékinez et à Fez, capitales du nord de l'empire chérifien ; de ce côté, la forêt des Ziaïda, quoique ne constituant pas une frontière naturelle, sépare cependant suffisamment les tribus. Au sud, la Chaouïa se fond dans le pays Tadla (1), assis dans la haute vallée de l'oued Oum-Rbia. Cette même rivière sépare la Chaouïa du Doukhala, route de Mogador, et du Rehamna, route de Marrakech.

Aspect général. Orographie.

Cette région nous donne l'aspect général d'une série de plaines et de plateaux, qui vont en augmentant d'altitude graduellement depuis l'océan jusqu'à l'arrière-pays (Settat, Kasba-ben-Ahmed, monts des Achach), et depuis l'oued Rbia, à l'ouest, jusqu'aux sources de l'oued Mella.

Se dirigeant de Casablanca vers le sud, on s'élève par une suite d'ondulations rapides, correspondant à notre Sahel algérien et culminant au Merchich, jusqu'au plateau de Ber-Rechid (250 mètres d'altitude). A ce plateau fait suite une belle plaine — notre Mitidja — doucement inclinée vers l'ouest et tombant assez brusquement sur l'oued Rbia. A 10 kilomètres en moyenne au sud de la transversale Ben-Ahmed, Settat, Kasba, Ayachi, le voyageur se trouve devant la fin de pentes rapides du plateau moyen (600 à 700 mètres d'altitude), profondément raviné du côté sud par les torrents, affluents de l'oued Rbia, et séparé de cette rivière par les escarpements du djebel Flatin.

Vers le sud-est, appui de ce plateau, un fort pâté montagneux, confus, tourmenté, abrupt, broussail-

---

(1) Exploré par le commandant de Vallois, le capitaine Thomas et le vicomte de Foucault.

leux, une vraie Kabylie. Les rochers grisâtres qui s'y dressent s'appellent Mqarto (850 mètres) entre l'oued Fekkak et l'oued Aceila, Sokrat-Maati, Sokrat-Djedja (975 mètres) au pays Achach, sur les deux rives de l'oued Mzabern. Le Sokrat-Djedja se poursuit vers le nord-ouest par le plateau de Berrighit et le Sokrat-Abbou. Sur la rive droite de l'oued Korifla s'élèvent le djebel Sebbara et le djebel Kaloua.

Ce massif montagneux porte chez les indigènes le nom de « El-Aloua » — le pays des sources — et de « El-Gada », au sud de Kasba-ben-Ahmed.

Géologiquement, la Chaouïa est ainsi définie par le docteur Weissgerber : « ... Un substratum primaire plissé, recouvert de couches horizontales plus jeunes. Ces dépôts, usés par l'eau et par le vent, laissent apparaître par endroits le substratum ancien... » Outre les forts plissements, orientés à peu près sud-est-nord-ouest, qui constituent les massifs déjà cités, l'action orogénique a fait surgir un peu partout des alignements rocheux dont les plus caractéristiques sont ceux de la Zaouïa, Sidi-el-Ourimi et des ouled Zirs, à l'ouest, et ceux de la koudia de Sidi-ben-Sliman, à l'est. L'érosion a fortement entamé la lisière nord du plateau moyen, qui a reculé en laissant des « témoins » de son ancienne place, tel le bloc du Nader ou Nouidert.

Hydrographie.

Du massif Achach, sortent les plus grosses rivières de la Chaouïa.

L'oued Cherrat, aux gorges et cascades pittoresques, dans la forêt des Ziaïda.

Le Neffifik, appelé oued Dalia dans son cours supérieur, puis oued Dir. Il est franchissable à de rares gués (gué de Bombus dans les gorges de Ber-Rebah, et de Bou-Rached), et à son embouchure à marée basse (1).

L'oued Mellah est le plus considérable de tous. Sorti du pays des Beni-Khiran sous le nom d'oued en Nedja, il coule dans un lit très encaissé, appelé successivement : oued Mzabern, oued Fekkak, oued Mellah (après avoir reçu à Souk-el-Tnin (Mechra-Ftet) l'oued Aceila. Deux rangées de hautes collines courent sur ses rives bordées de tamarins, de saules et de quelques palmiers. Après avoir reçu l'oued Haçar, l'oued Mellah prend le nom de oued Gantra — la rivière au Pont — à cause du beau pont de pierre à huit arches, ouvrage des Marocains, qui permet de le franchir tout près de son embouchure. (Route de Casablanca à Rabat.)

Quelques rivières côtières dont : les oueds Bou-Znika et Mançouria ; leurs ravins encaissés et tortueux rendent cette région du nord-est, qui est en apparence unie, impraticable aux voitures et impropre aux grands mouvements de troupes. L'oued Bou-Soukra, ruisseau permanent quoique très peu large (1 mètre à $1^m,50$) et très peu profond, alimenté par d'abondantes sources, et qui se jette à Casablanca dans l'océan. L'oued Ouled-Djerar, l'oued Fouara sont des filets d'eau sans importance.

Du plateau de Settat descendent vers le nord-ouest de rapides petits cours d'eau qui se perdent dans la plaine : oueds Ayata, Zirif, Mils, Tamazer (ou Maza), Bou-Mouça... Pendant l'été, l'irrigation des jardins et la sécheresse suppriment le plus souvent leur débit ; leur lit constitue parfois un fossé profond à berges abruptes.

(1) Le pont « Blondin », œuvre du génie militaire français, rend maintenant la rivière franchissable à toute heure.

Descendu du centre de l'Atlas marocain, l'oued Oum-er-Rbia, la « Rivière-Mère du printemps », forme au sud de la Chaouïa un obstacle avancé contre l'invasion ; puis il borde directement le pays depuis le gué du Mechra-Chaïr, rendu célèbre par les allées et venues de Moulay-Hafid, et la route de Settat à Marrakech. Une vingtaine de passages (Mechra-Khalifat en amont, Mechra-bou-Laouan en aval de Mechra-Chaïr, sont les plus importants), permettent le franchissement de la rivière quand elle est basse. en amont, Mechra-bou-Laouan en aval de Mechra-Chaïr, alimentée abondamment par les torrents de l'Atlas, sujette à des crues redoutables, elle se jette dans l'océan par un estuaire large de 120 mètres, à hauteur d'Azemmour, bordé sur la rive gauche par des falaises et fermé à la navigation par une barre de sable.

L'hydrographie de la Chaouïa est complétée par quelques marécages : à l'embouchure de l'oued Gantra (marais de Meknouj), à l'ouest de Casablanca (marais de Sidi-Abd-er-Rhaman) ; enfin par une région de « dayas » entre Sidi-el-Ourimi et la kasba des Ouled-Saïd.

Climat.

La Chaouïa doit à son exposition, à sa situation océanienne, à la proximité de montagnes boisées, à son sous-sol argilo-calcaire, qui retient les eaux et les restitue en sources abondantes, un climat plus tempéré que celui des régions algériennes de même latitude (Aïn-Sefra, Laghouat).

Casablanca passe pour avoir avec Tanger le climat le plus doux de la côte marocaine atlantique ; la moyenne de la température y est de 18°, les moyennes estivale et hivernale étant de 23° et de 13°. A l'intérieur, les écarts de température sont beaucoup plus sensibles : le thermomètre y oscille de 5° à 40°, mais les ardeurs de l'été y sont tempérées par des vents réguliers et d'abondantes rosées nocturnes. Le vent brûlant du sud, appelé en Algérie « sirocco », est ici presque inconnu.

La saison d'hiver est marquée par de fortes chutes de pluie (66 jours de pluie en moyenne, d'octobre à avril, donnant au pluviomètre 450 millimètres). Il pleut quelquefois en septembre et en mai, rarement en plein été où cependant les orages sont communs. Les pluies coïncident avec les vents du sud-ouest. A l'époque des vents variables, les tempêtes deviennent fréquentes et redoutables.

Le climat est salubre et les Européens font très bien souche dans le pays.

Richesses diverses. — Flore et faune.

La prospection a découvert en Chaouïa des gisements de fer, encore inexploités.

La richesse principale du pays consiste dans l'agriculture et dans l'élevage. Cultivé à la mode arabe, quoique plus sérieusement qu'en Algérie, mais suivant les errements ancestraux (fumure par les bestiaux au pacage, pas d'assolements ni d'engrais chimiques, changements de culture peu fréquents ou peu variés, labours très légers), le sol marocain est loin de donner le rendement qu'en tireraient des Européens ; et cependant de merveilleuses récoltes de blé et d'orge y jaunissent dès le mois de mai. Le lin s'y recueille en quantité, tant pour sa fibre que pour sa graine, produit d'exportation. Adonné entièrement à la culture des céréales, l'indigène ne plante que peu de légumes (fèves, oignons, navets). L'abondance des prairies naturelles, la variété des fleurs qui émaillent celles-ci, favorisent l'apiculture, en honneur dans le pays chaouïa.

Là où le sol est en friche, croissent le lentisque et le palmier nain, ressource précieuse, car sa racine est souvent l'unique combustible de l'indigène ; sa fibre lui sert à fabriquer des cordes, sa feuille à tresser des nattes, des corbeilles, des chapeaux. L'asperge sauvage, l'asphodèle, la coloquinte abondent.

L'absence de bois frappe les yeux sur la plus grande partie de la Chaouïa. De loin en loin quelque olivier, chêne ou palmier isolé : l'abus de l'incendie, comme méthode de défrichement et de culture, tue les jeunes arbres. Au creux des vallons, autour des sources, auprès des lieux habités, quelques oliveraies ou vergers; petits carrés de terre, entourés de murs ou de fossés profonds et à pic : obstacle contre la maraude, ligne de feu contre l'envahisseur. On trouve dans ces vergers nos arbres fruitiers de France, vierges de toute greffe, de la vigne grimpante, l'oranger, le citronnier, le figuier. L'aloès et le cactus épineux forment des haies impénétrables.

Il y a cependant deux grands massifs forestiers : celui des Achach-Mdakras, où le seul bel arbre est le tuya au milieu d'une brousse clairsemée ; celui des Ziaïda, qui occupe 10.000 hectares environ, et contient le chêne vert et le chêne-liège. C'est là que se sont réfugiés les fauves du pays, réduits seulement aux sangliers et aux chacals. Lions et panthères ont disparu de la région : résultat d'un défrichement presque général.

Au point de vue agricole, il y a dans la Chaouïa deux sortes de terrain de culture : 1° au bord de la mer, le « hamri », de coloration rougeâtre, terre argilo-sablonneuse, facilement desséchée, légère, mais infertile loin de la côte ; 2° le « tyrs » (terre noire, tchernozom de Russie), sol propre à culture intensive, chargé d'humus, ayant la précieuse faculté de retenir l'eau. Le tyrs couvre tout le centre du pays (12 à 13.000 hectares), mais il y a du tyrs un peu partout dans les dépressions.

Dès les premières pluies (octobre), jusqu'en mai, le pays à perte de vue a un aspect verdoyant : l'herbe dans les prairies naturelles atteint la hauteur d'homme. La récolte des céréales faite, les foins sèchent sur pied et alimentent durant l'été d'immenses troupeaux. S'il y a peu de chèvres, en revanche, bœufs et moutons sont représentés par des races grandes, fortes et prolifiques. Les chevaux sont très nombreux : un peu ramassés, ils semblent plus lourds et moins résistants que nos chevaux algériens (1). Suivant sa provenance et sa structure, le cheval marocain devient cheval d'armes ou bête de somme concurremment avec le chameau et l'âne, très nombreux dans le pays. La vraie monture de promenade et de luxe est le mulet, dont la valeur marchande dépasse celle du cheval et atteint jusqu'à 1.000 francs, dépassant de beaucoup le prix ordinaire des chevaux.

Races.

Une population évaluée par le service des renseignements du corps de débarquement à 250.000 âmes habite la Chaouïa.

---

(1) De l'aspect général du cheval marocain (léger ensellement, croupe en pupitre), il est permis de penser qu'il est un descendant croisé des douze étalons de race bretonne donnés par Louis XIV au sultan du Maroc. Il n'est pratiqué en Chaouïa aucune sélection, ni élevage raisonné.

Les Européens (au nombre de 700 avant les événements de Casablanca) sont fixés à la ville : ils y sont négociants, fonctionnaires, représentants de maisons de commerce ou de compagnies de navigation, artisans...

Les Israélites (7.000) se retrouvent partout : on voit leurs « gotta » (petites fermes) jusque dans les monts des Achach et sur le plateau moyen. Mais ils se groupent généralement dans la ville et dans les grandes kasbas de l'intérieur, où ils sont négociants, artisans, courtiers, petits banquiers, prêteurs... Ils proviennent soit des juifs expulsés d'Espagne et du Portugal au XVe siècle, soit des juifs établis au Maroc dès le IXe siècle.

Les Musulmans, qui parlent tous indistinctement la langue arabe, forment le fond de la population. Mais il est difficile de distinguer le Kabyle — aussi appelé Chleuh — ancien tenancier du sol, de l'Arabe envahisseur (XIe siècle) : les deux races se sont mélangées par croisement.

Près de ces derniers, on trouve des Maures, originaires de Fez, Tanger, Tétouan : fonctionnaires ou gros négociants; des nègres, des indigènes de l'oued Dras, au teint plus foncé, qui exercent la profession de maçon ou de terrassier.

Tribus.

Voici, avec leurs principaux centres, les douze tribus qui composent la famille chaouïa. (A l'annexe, voir la subdivision en fractions.) Suivant la région qu'elles habitent, elles sont loin d'avoir le même tempérament. On peut les diviser en :

1° Tribus côtières :

a) Ziaida, sur l'oued Cherrat et l'oued Neffifik (kasba Bou-Znika, kasba Mançouria, Sidi-ben-Sliman) ;

b) Zénata, dans la basse vallée de l'oued Mellah, (Sidi-Hadjaj, Zénati, Fédhala) ;

c) Médiouna autour de Casablanca (kasba Médiouna, Zaouïa-en-Nouacer, douars d'Aïn-Djemma) ;

d) Chtouka, aux environs d'Azemmour, rive droite de l'oued Rbia dans un pays de pâturages réputés.

2° Tribus du moyen pays :

e) Ouled Zian (Dar-Aidi) ;

f) Ouled Harriz, 25.000 habitants (Ber-Rechïd) ;

g) Ouled Saïd, 25.000 âmes (zaouïas nombreuses en plaine, kasba Ayachi sur le plateau) ;

h) Mdakras (25.000), habitant des fermes nombreuses en plaine jusqu'à l'oued Ayata, en montagne, sur les deux rives de l'oued Fekkak au nord du Mqarto;

i) Chiedma (Dar-Maizi). Ces tribus habitent la région proprement dite « du Tyrs ».

3° Tribus de l'arrière-pays :

j) Mzab, dans la vallée de l'oued Mils, sur le plateau d'El-Aloua, et dans la région montagneuse de l'est jusqu'à Sokrat-Djedja (Sidi-Aidi, Kasba-ben-Ahmed, Kasba-Khamlichi). Les Mzab sont de beaucoup la plus nombreuse des tribus chaouïas. Dans la fraction Achach se retrouvent des signes indéniables de l'ascendance berbère et, sur leur territoire, les ruines de Dar-Fkek (kasba des Aarif) couvrent l'emplacement de la ville antique de Tamesma, autrefois capitale de cette région. (Annuaire du corps de débarquement.)

k) Mzamza, 25.000 habitants (Settat) ;

l) Ouled Sidi-ben-Daoud (Dar-Daoudi) ;

m) Ouled Bou-Ziri (Temacin, Dar-Tounsa). Ces deux dernières tribus vivent presque exclusivement de l'existence nomade.

Les Arab, Zaër, Khiran, Beni-Meskin, Rehamna, Doukhala, voisinent avec les Chaouïas sans se confondre avec eux ; leurs querelles amènent parfois des luttes et des haines irréconciliables.

Etat social et politique.

Les tribus (kébila) se subdivisent en fractions (fakhed ou ferkha, les fractions en douars. La tente (kheima) est la plus petite unité, correspondant à une famille, ou à un ménage.

Les Chaouïa sont sédentaires ou nomades de petite envergure, le sol étant partout suffisamment riche et pourvu d'eau pour n'exiger que de légers déplacements. Tentes et gourbis de branchages déménagent sur l'ordre des chioukh (chefs de douars), subordonnés aux caïds. Ces derniers habitent généralement de solides fermes fortifiées et crénelées (dar). Au-dessus des murs qui abritent au besoin gens, troupeaux et récoltes, quand celles-ci ne sont pas mises en silos, se dresse une tour blanche à terrasse, observatoire, et réduit de la défense. Le caïd, généralement investi par le maghzen, est à la fois chef militaire, administrateur civil, collecteur des impôts, juge des petits différends. Il est secondé par son khalifa, par les chioukh, assistés de l'assemblée des chefs de tente (djemaa), enfin par le cadi, qui rend la justice conformément aux préceptes coraniques, et par les adouls, notaires arabes, qui enregistrent les actes et les mutations de la propriété.

C'est pour avoir voulu changer un état de choses séculaire, en substituant aux dîmes anciennes (« achour », dîme des récoltes et « zekkat », dîme des troupeaux) un impôt global sur le revenu (tertib), en voulant faire percevoir par les agents du pouvoir central des redevances dont le plus clair allait précédemment dans le trésor particulier des chefs de tribu, que le sultan Abd-el-Aziz s'est aliéné la population chaouïa, comme celle du reste de son empire.

Certes, avec le morcellement à l'infini de l'autorité, sans forte centralisation, c'était ici comme dans tout le Maroc l'état féodal. Rien n'y manquait, étant donné le caractère indépendant, ambitieux, cupide et versatile du Marocain : arbitraire dans la répartition des impôts et des corvées, dans la justice ; rivalités de caïds ; incursions à main armée chez le voisin ; luttes de tribu à tribu ; disputes de sources et de pâturages, crimes, vendettas, insécurité des routes. L'énergique Moulay-Hassan disparu, à toutes ces causes de ruine et de trouble allaient s'ajouter : l'insoumission à l'autorité chérifienne, le refus de l'impôt, la rébellion et les répressions, la lutte des caïds investis par le maghzen contre les caïds reconnus par les tribus, les querelles de Çof à Çof (parti politique). Victorieux des mahallas (armées) chérifiennes repoussées sans avoir pu percevoir les redevances, les Chaouïas s'étaient peu à peu affranchis du sultan, s'administraient eux-mêmes par une assemblée de notables (zofferat), et se constituaient des réserves d'armes et de munitions.

Armement.

Dès le jeune âge, habitué à chasser et à combattre, le Marocain du littoral a abandonné l'antique « noukhala » à pierre ou à piston. L'Europe lui a amplement fourni les armes de gros et de petit calibre, à chargement arrière et à tir rapide. Tous modèles sont représentés ici : Winchester, Remington, Martini-

Henri, Mauser et Gras, carabines ou fusils, avec ou sans baïonnette, voire des Lebel, toutes armes provenant du commerce, de la désertion ou de ventes par les domaines de matériel réformé.

Indépendamment des munitions qui lui sont fournies par des négociants sans scrupules (1), durant même les opérations militaires, le Marocain, à court de munitions, avec patience et habileté, fera de la poudre, fondra des balles, remandrinera des douilles de cuivre, les réamorcera, ressoudera des étuis ramassés sur le champ de bataille (2).

L'entrée en ligne de Moulay-Hafid avec ses mahallas tournera contre nous les canons pris aux troupes d'Abd-el-Aziz : pièces de montagne à tir rapide, provenant des usines Schneider-Canet, Krupp ou encore de fabrication italienne (3).

Agglomérations urbaines.

De cet état de guerre et de révolte permanent est venue la ruine des agglomérations urbaines. L'aris-

---

(1) Une façon ingénieuse de pratiquer la contrebande de guerre a été découverte en vidant la poudrière du maghzen à Casablanca, sous la batterie marocaine du port. Il y fut trouvé une caisse, contenant en apparence des bouteilles de vin de Champagne : les bouteilles étaient vides, mais les planches dont était faite la caisse étaient munies d'alvéoles profondes, encore remplies de cartouches Winchester.

(2) Il n'était pas rare de trouver des étuis de cartouches plissés de façon à pouvoir entrer dans une arme de calibre inférieur. Un spécimen curieux du travail d'armurerie marocaine nous a été montré au parc d'artillerie de Casablanca : c'était une douille de cartouche, en cuivre, composée de trois morceaux assemblés, appartenant à des étuis de modèles différents.

(3) Les douilles d'artillerie marocaine ramassées sur plusieurs champs de bataille, ou enlevées à l'ennemi (16 mai 1908, par exemple), portent l'inscription : Patronen-Fabrik-Carlsruhe-1899.

Calibre ordinaire de l'artillerie marocaine : 75 ou 77 millimètres.

tocratie foncière ou maraboutique s'est retirée dans ses « dars » orgueilleuses, véritables châteaux forts, autour desquels se groupent les habitations plus humbles des vassaux, ou dans les zaouïas (confréries religieuses), à demi croûlantes, foyers d'intrigues et d'insurrections.

Les villes dévastées ont été abandonnées : Ber-Réchid, Kasba-Ayachi, Kasba-ben-Ahmed devaient abriter chacune un millier de gens. Elles n'étaient plus, au moment de l'intervention française, qu'un monceau de décombres : la blancheur des murs et des terrasses, des vestiges de fresques intactes encore, quelques colonnades dressées, attestaient d'une splendeur et d'une destruction récentes. Des hordes dévastatrices venaient de passer par là.

Dar-Ould-Fatima, Tallaouit et Dar-Fkek (kasba des Arif) sont un champ de ruines noirâtres, très anciennes déjà.

De loin en loin des fortins, dont l'intérieur renferme souvent une mosquée, des constructions pouvant servir d'abris, un puits donnant de l'eau potable... Ce sont des refuges établis par le maghzen, tant pour ses propres troupes que pour servir de caravansérails aux caravanes, dans un pays infesté de pillards : tels sont les « bordjs » de Médiouna, Bou-Znika, Mançouria, Fédhala. Ces fortins sont constitués par une enceinte rectangulaire (100 mètres de côté environ), formée de hautes et solides murailles en pisé, garnies de créneaux. Les alentours immédiats sont généralement dépourvus d'arbres. Aux quatre angles et au milieu des faces, dont l'une est percée d'une poterne, l'enceinte est garnie de tours carrées en saillie, avec plate-forme. Une banquette, à laquelle on accède par un escalier, permet d'occuper intérieurement, avec des fusils, toute la longueur de l'enceinte.

Seule dans le pays, la bourgade de Settat, à laquelle le Dr Weissgerber attribuait, il y a quelques années, une population de 2.000 âmes, doit à sa situation sur la route de Casablanca et de Rabat à Marrakech d'abriter encore une centaine d'Israélites et 200 à 300 indigènes mzamza. Le caïd de la tribu y a sa kasba. Des mises à sac répétées n'y ont pas tué tout commerce. Nombre de demeures restent debout, ainsi que des zoauïas, à l'ombre des oliviers centenaires.

Casablanca.

Sur les confins maritimes de la Chaouïa, il est pourtant une ville vraiment digne de ce nom, port et perle de la Chaouïa : c'est Casablanca ; en arabe : Dar-Beïda, la ville Blanche.

De loin en mer, comme de l'intérieur des terres, on voit étinceler les terrasses de ses maisons, dominées par de hauts minarets, et flotter au vent du large les innombrables drapeaux des consulats et les étendards de l'Islam.

Les jardins et les vergers, qui s'étendent jusqu'à un kilomètre et demi de la ville, séparés les uns des autres par des levées de terre ou par des haies vives de roseaux, irrigués par les saignées pratiquées à l'oued Bou-Skoura, parsemés de villas ou de gourbis, lui font une ceinture de verdure et de fraîcheur.

De hauts remparts crénelés, ouvrage des Portugais, flanqués de tours en saillie avec miradors, reliées par un chemin de ronde, abritent la ville contre toute surprise. Ils forment à l'ouest une avancée, vide de constructions, qui servit de camp aux mahallas : c'est Souk-Djedid, le marché neuf. Du côté du nord, front de mer, deux batteries, armées de vieux canons de fonte, se chargeant par la bouche, complètent la défense.

Quatre portes donnent accès au dehors : Bab-Mar-

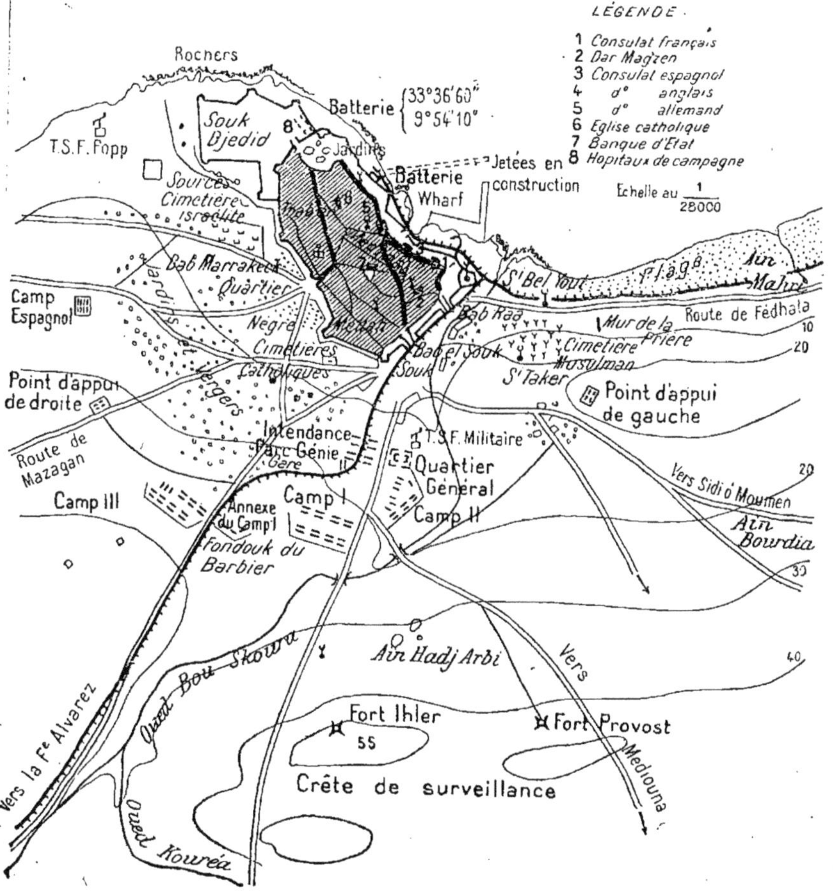

rakech ouvre vers le sud et l'ouest sur les routes de Marrakech et d'Azemmour; de Bab-el-Souk (porte du marché), et de Bab-el-Raa, partent les pistes vers

Rabat et le pays tadla. Enfin, la porte de la Douane permet l'entrée et la sortie des marchandises du port. Ces portes, massives, encastrées dans des tours autrefois garnies de canons, sont fermées tous les soirs.

La ville a débordé à l'extérieur : autour de la porte de Marrakech s'étend un grand quartier nègre, amas de constructions hétéroclites en pisé. Autour du Souk, des fondouks et des entrepôts.

A l'intérieur des murs, l'Europe côtoie l'Orient. Une population de 25.000 âmes (avant les troubles) se répartit très inégalement dans trois quartiers : 1° le quartier demi-européen, appelé Medina, renfermant les consulats, la douane, le dar-maghzen, les établissements de banque, le négoce européen ; 2° le Mellah (ailleurs ghetto), ou quartier juif, aux ruelles tortueuses, peuplé de 5.000 habitants ; il a ici la particularité de n'être pas séparé des autres parties de la ville ; 3° le Tnakker, quartier arabe, aux sordides recoins.

Commerce.

Casablanca n'a pas de grandes industries. Comme dans toute ville arabe, il s'y fabrique des tapis de haute laine, qui ne sauraient rivaliser avec ceux de Rabat et de Salé ; des étoffes indigènes, des selles, des babouches, des broderies sur cuir et sur soie, des objets de cuivre, non comparables à ceux de Fez et de Marrakech.

Des Européens entreprenants y ont installé une manufacture de tabac, un atelier de conctructions en fer (détruit au cours des événements).

Mais Casablanca est le grand centre d'importation et d'exportation de la Chaouïa. Elle lutte d'importance avec Safi et Mogador pour l'approvisionnement de Marrakech (distance : 200 kilomètres). Par Casablanca, sont exportés en France, en Angleterre, en Allemagne, les cuirs, les peaux, les laines, les céréales du pays, donnant un chiffre de ventes dépassant 4 millions de francs (année 1907) (1). Dans cette même année, troublée pourtant, plus de 300 navires du commerce, la plupart français, ont amené dans le port pour 4 millions et demi de francs de marchandises : draps (français) ; soieries et cotonnades (françaises) ; cafés et thés (anglais) ; sucre (français) ; bougies (belges) : quincaillerie (anglaise et allemande), etc. Les marques françaises sont appréciées de l'indigène, malheureusement peu de commerçants

---

(1) Navires ayant fait escale à Casablanca du 1er août 1907 au 31 janvier 1908 : 176, dont : français, 62; anglais, 43; espagnols, 38; allemands, 19; italiens, 7; autres pays, 7. Tonnage total : 120.000 tonneaux (marchandises arrivées par cabotage, matériel arrivé par navires de guerre et par transports, et ces navires eux-mêmes non compris dans les statistiques).

(Même période de 1906 : 156 navires et 108.900 tonneaux.)

Répartition du commerce : *a*) importations : France, 1.645.057 francs; Angleterre, 340.611 francs; Allemagne, 96.354 francs; Espagne, 21.126 francs; Italie, 4.930 francs; *b*) exportations : Allemagne, 1.240.057 francs; France, 806.399 francs, Espagne, 233.070 francs; Angleterre, 128.184 francs; Italie, 90.692 francs.

Mouvement maritime total du port en 1906 : 341 navires (tonnage total, 246.304 tonneaux), dont : français, 95; anglais, 92; allemands, 47; espagnols, 68; italiens, 23; autres pays, 12.

Total : *a*) des importations, 7.890.220 francs; *b*) des exportations, 6.204.150 francs.

Mouvement maritime total en 1907 : 343 navires (tonnage total, 227.047 tonneaux), dont : français, 104; anglais, 87; allemands, 46; italiens, 11; espagnols, 81; autres pays, 7. Ajouter : vaisseaux de guerre et transports : français, 41; espagnols, 9.

Total : *a*) des importations, 4.545.150 francs; *b*) des exportations, 4.673.910 francs.

Août 1906 : *a*) importations, 683.846 francs; *b*) exportations, 432.088 francs.

Août 1907 : *a*) importations, 63.693 francs; *b*) exportations, 218.916 francs.

Voir au chapitre VII les résultats comparés des années 1907 et 1908. Renseignements empruntés aux statistiques douanières du Maroc (Livre Jaune, 1908).

s'attachent à contenter les goûts du Marocain (emballage, poids, forme extérieure), et tandis que les maisons étrangères envoient ici de nombreux voyageurs pour les représenter, rares sont ceux de nos compatriotes qui remplissent en Chaouïa cette profession.

Des maisons de banque importantes (Compagnie algérienne, Compagnie marocaine, banque allemande Karl Ficke...) n'ont pas craint d'établir à Casablanca des succursales et des entrepôts.

Le port de Casablanca, à l'époque des événements, n'était qu'une rade foraine, ouverte à tous les vents du nord et de l'est, mal protégée vers l'ouest, côté des orages, par une avancée rocheuse. Un petit wharf permettait le déchargement des barcasses qui font le va-et-vient de la terre aux vaisseaux, mouillés suivant leur tirant d'eau, à 1 ou 2 milles au large d'une côte irrégulière comme fond et hérissée d'écueils en deçà de la barre. Par gros temps, les navires sont obligés de prendre le large.

La création d'un port, fait de toutes pièces de main d'homme, ouvrage long et difficile, étant donné la fréquence des tempêtes, avait été décidée, et les chantiers Schneider construisaient un quai de débarquement ; la jetée allait être amorcée, lorsque, en juillet 1907, la Chaouïa va être le théâtre d'événements d'une importance capitale pour le Maroc et pour la paix mondiale.

II

Les événements de Casablanca et l'intervention franco-espagnole.

Situation politique du Maroc. — Situation intérieure.

La situation intérieure du Maroc en 1907 était on ne peut plus embarrassée. Un sultan jeune, sans préjugés, accueillant pour les étrangers, mais sans énergie et laissé volontairement, par l'ancien premier ministre Ba-Ahmed, dans l'ignorance du gouvernement, abandonné depuis la mort de sa mère Lalla Requia aux conseils intéressés de El-Menebhi et du « caïd » Mac Léan, voyait ses Etats, gagnés par l'anarchie, lui échapper peu à peu. Ici, un roghi, Bou-Hamara (l'homme à l'ânesse) soulevait les tribus de l'est et, abusant de sa ressemblance avec Moulay-Mohammed, s'intitulait prétendant au trône (1902). Ce même Moulay-Mohammed, qu'une intrigue avait essayé d'établir sultan, avait dû être mis en détention. Dans le Riff, un « roi des montagnes », le bandit Raissouli, bravant les mahallas chérifiennes, exerçait ses brigandages. Dans le sud, enfin, le vice-roi Moulay-Hafid, frère aîné d'Abd-el-Aziz, s'insurgeait, au nom de l'Islam, contre le sultan légitime et contre les infidèles. Enfin, un peu partout, suivant l'exemple des tribus montagnardes, le pays, soumis autrefois à Moulay-Hassan, se déclarait « bled siba » (pays de révolte). La

Chaouïa, refusant toute autorité chérifienne, se faisait remarquer par sa haine de l'Européen.

Pour lutter contre tant d'ennemis, Abd-el-Aziz n'avait ni compétence, ni argent, ni armée bien organisée, ni généraux capables. Obligé d'appeler à son aide les nations européennes avides de se partager ses dépouilles, il avait perdu son prestige religieux auprès de populations fanatiques et xénophobes, et, tant par ses emprunts que par la signature de l'Acte d'Algésiras, il était forcé de subir la tutelle de l'étranger.

Situation vis-à-vis de la France.

Vis-à-vis de la France, Abd-el-Aziz se trouvait dans une situation délicate. Notre mission militaire au Maroc remplissait sa tâche, un peu tenue à l'écart. Depuis la retraite de M. Saint-René Taillandier en 1905, la plus grande froideur régnait entre les deux gouvernements et, Oudjda occupée, nous attendions toujours une réparation de l'assassinat du docteur Mauchamp.

Historique rapide de l'action française au Maroc.

Fatalement, peu à peu, guidée par les événements et les hasards de la politique coloniale, la France s'était engagée (suivant l'expression de M. Leroy-Beaulieu) dans « l'engrenage marocain. »

Le traité de 1845 (18 mars), faisant suite à la victoire d'Isly, attribuait comme frontière ouest à l'Algérie : la rivière Kiss, puis une ligne conventionnelle mais définie, rejoignant les rochers dits « Teniet-el-Sassi ». Au sud de ce point, aucune démarcation exacte n'était indiquée, en raison de la nature désertique du pays et des habitudes nomades des habitants.

Depuis Isly, par suite du caractère belliqueux des tribus et par absence de frontière naturelle, peu d'an-

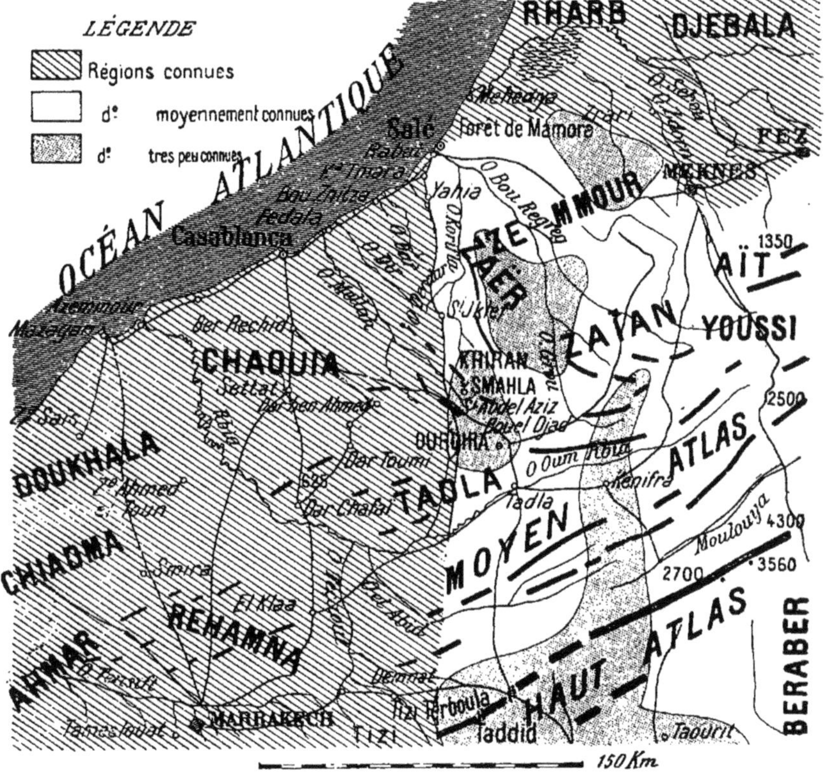

nées s'écoulèrent sans incidents obligeant la France à intervenir à main armée au Maroc. Nos colonnes volantes expéditionnèrent à Oudjda en 1849, aux Angad en 1850, aux Beni-Snassen en 1852. Le général Martimprey réprima, en 1859, une coalition de ces mêmes tribus. Par suite de l'agitation créée dans le Sud-Oranais par Bou-Amama, un poste desservi par une voie ferrée fut établi à Aïn-Sefra (1881). Le règne de Moulay-Hassan, grand guerrier et administrateur énergique, les visées de notre politique vers l'Afrique orientale, contribuèrent à créer du côté du Maroc une ère de paix relative.

Mais ses espoirs vers le Nil (Fachoda) déçus, la France tournait de nouveau les yeux vers le Maroc et cherchait à y établir sa prédominance financière et économique. Une politique « d'accord et d'appui mutuel » ou « politique-maghzen » (V. Bérard), préconisée par MM. Delcassé et Revoil, aboutissait aux accords franco-marocains de 1901 et de 1902, qui créaient des postes et des marchés-frontières, une police mixte, et instituaient un mode de perception des taxes douanières, au profit du trésor chérifien. D'importants services financiers étaient rendus au sultan, et la mission militaire française l'aidait puissamment à reconquérir, sur le roghi, la région d'Oudjda.

Vers le sud, la voie ferrée était poussée jusqu'à Djenien-bou-Resg. Figuig était bombardé après l'affaire de Zénaga (1903). Nous nous ouvrions, par la vallée de la Zousfana (Igli), et par la Saoura (Béni-Abbès), une route nouvelle vers le Touat. Colomb-Béchar, Kénadsa, que les rails devaient bientôt atteindre, étaient, contre les tribus guerrières du sud-est marocain, les points d'appui de notre police mobile.

L'action diplomatique nous avait, peu à peu, ouvert les débouchés marocains du littoral atlantique : les traités signés par Louis XIII, Louis XIV, Louis XV, Louis XVIII, avaient été confirmés sous Charles X (28 septembre 1825) et avaient mis la France sur le pied de la « nation la plus favorisée. » La Convention de Madrid (3 juillet 1880) avait réglementé le droit de protection et de propriété au Maroc ; ce dernier droit (qu'affermira l'Acte d'Algésiras de 1906) était encore rendu illusoire par la condition d'autorisation préalable du sultan. Le traité de 1893 élargissait les conventions de 1856 (réglementant la sortie des céréales, sauf le blé et l'orge) et de 1891 (autorisant l'exportation du blé et de l'orge, mais avec des taxes exorbitantes) ; il accordait à la France : 1° la réduction des droits d'entrée à 5 p. 100 de la valeur de certains de nos produits (tissus de soie, bijoux, pierreries, galons d'or et d'argent, vins et liqueurs, pâtes alimentaires) ; 2° la réduction des droits de sortie de quelques produits marocains (cumin, chanvre, suif, cire, cornes) ; 3° l'exportation, jusqu'alors interdite, du liège, des minerais (sauf le plomb), écorces, osier, bois d'arar ; 4° la protection des marques de fabrique françaises.

Les accords franco-anglais et franco-espagnol de 1904 nous donnaient l'espoir de soumettre un jour le Maroc à notre influence, quand la protestation de l'Allemagne produisit la crise (juin 1905 - avril 1906) dénouée par la signature de l'Acte d'Algésiras. Grâce à de solides alliances, grâce à l'habile fermeté de M. Revoil, ce traité international n'était pas à notre désavantage : si la pénétration économique au Maroc n'était plus exclusivement réservée à la France, si cette anarchique citadelle était fermée par la diplomatie aux expéditions militaires, du moins les droits français sur la frontière algérienne étaient totalement réservés, les intérêts et les créances étaient sauvegardés, une commission des douanes fonctionnant sous le contrôle de la France devait assurer la rentrée des fonds destinés à amortir l'emprunt. La France et l'Espagne assumaient la charge d'établir la police dans les ports.

Cependant, et en dépit des traités de 1901, un gouvernement incapable, indifférent, hostile même à l'influence française, négligeait d'intervenir dans les affaires d'El-Moungar, de Berguent (hiver 1905-1906). De continuels incidents de frontière (le plus saillant est la violation du territoire de Port-Say par le pacha de Saïdia), et encore les attentats commis successivement sur nos nationaux : MM. Charbonnier, de Gironcourt, le docteur Mauchamp enfin, amenaient l'occupation d'Oudjda.

Telle était la situation générale au moment des événements de Casablanca. Le calme qui régnait d'ordinaire dans cette ville, ainsi que dans les autres ports du littoral, ne les faisait nullement prévoir.

Les événements de Casablanca.

Le 30 juillet 1907, les ouvriers qui extrayaient la pierre aux carrières de Sidi-Bel-Yout pour la construction du port de Casablanca étaient occupés à leur travail. Un train Decauville y faisait, comme d'ordinaire, les transports de matériaux de la carrière aux chantiers Schneider, sur le quai, lorsqu'une bande d'indigènes, la plupart armés de bâtons, arrêta la locomotive, la renversa, cerna les travailleurs, dont dix furent massacrés. Après avoir mutilé les cadavres et tenté de les brûler, les meurtriers (on apprit plus tard qu'ils appartenaient aux tribus Médiouna, Harriz et Mdakra) pillèrent les chantiers et essayèrent de détruire les machines. Entrant en ville, ils dévalisèrent les boutiques, menaçant de mort Chrétiens et Israélites.

Terrorisée, la population de Casablanca se réfugia en grande partie dans les consulats de France, d'Angleterre et d'Espagne. Les hommes se préparèrent à combattre. Vers huit heures du soir, le gérant du consulat de France, ayant obtenu du maghzen une escorte de soldats, beaucoup de femmes et d'enfants furent conduits sur le quai, au milieu d'une populace menaçante, et embarqués sur le vapeur anglais *Démétrian*. Un navire allemand recueillait les Israélites.

Causes de l'attentat.

A plusieurs mobiles d'ordre différent il faut attribuer le massacre du 30 juillet. Aux causes générales et indirectes résultant de l'anarchie du pays, des haines de races, des religions différentes, de l'impunité habituelle des fauteurs de troubles, il faut ajouter des mobiles d'ordre direct et local : 1° le fanatisme religieux des Chaouïas était blessé par la vue du petit chemin de fer servant au transport des matériaux nécessaires à la construction du terre-plein et du quai de débarquement. Dans le Decauville qui menait du port à la carrière, des esprits simplistes voyaient déjà une amorce de la future voie de pénétration dans l'intérieur du Maroc ; 2° les suggestions de l'ambitieux Ould-Hadj-Hammou, caïd de Ber-Réchid, qui, évincé du caïdat de Casablanca occupé jadis par son père, cherchait à créer des difficultés au fonctionnaire de cette dernière ville, Sidi-bou-Beckr ; 3° l'appât du gain à amasser dans une cité riche, peuplée et commerçante, où des fonctionnaires français contrôlaient aux douanes les agissements des officiels mais peu scrupuleux « oumanas. »

Circonstances adjuvantes. — Les circonstances étaient peu favorables aux Européens, car : 1° il y avait bien, à Casablanca, une commission des douanes et une banque d'Etat, institutions pacifiques ; mais dans le premier port où la police mixte eût dû fonctionner, il n'y avait pas encore l'embryon des futurs « tabors » ; 2° les Marocains s'étaient habitués, ici comme ailleurs, à la placide menace des vaisseaux de guerre français ; mais par malheur, le 30 juillet, aucun croiseur n'était en rade ; 3° le consul titulaire français, M. Malperthuy, et son suppléant, M. Maigret, vice-consul, étaient absents. La gestion du consulat restait à M. Neuville.

On pouvait remarquer, dans les jours qui précédèrent l'attentat, une exaltation singulière chez les indigènes, et la présence en ville de gens de l'intérieur, faméliques et arrogants, dont les délégués conférèrent avec Sidi-bou-Beckr les 27, 28 et 29 juillet. Généralement, ces palabres se terminaient par le versement aux réclamants de quelques milliers de pesetas. Cette fois, les pourparlers se prolongeaient outre mesure, car on demandait, outre de l'argent : la suppression des contrôleurs français des douanes, la cessation des travaux du port et la destruction de la voie ferrée.

Intervention franco-espagnole.

La nouvelle des massacres de Casablanca, de l'exode des habitants menacés, fut connue à Tanger le 31 juillet, apportée par le vapeur *Mogador*. Au nombre des morts, il y avait : 5 Français, 3 Italiens et 2 Espagnols. L'émotion fut grande en Europe ; la France et l'Espagne décidèrent d'intervenir immédiatement. L'Italie s'en remettait aux mesures prises par ces deux puissances.

En France, sur décision du conseil des ministres en date du 1er août, les vaisseaux le *Galilée*, qui était à Tanger, le *Forbin*, qui croisait aux Açores, reçoivent ordre de partir pour Casablanca. De Toulon devaient suivre, en deux échelons : 1° les croiseurs *Condé et Du Chayla ;* 2° les croiseurs *Jeanne-d'Arc*, *Gloire*, *Gueydon*. Ordre était donné aux transports *Nive*, *Schamrok*, *Mytho* d'entrer en armement, et aux divisions d'Alger et d'Oran de se tenir prêtes à fournir des troupes. Le conseil de cabinet du 3 août fixait ces dernières à : 3 bataillons d'infanterie, 1 batterie d'artillerie, 1 escadron et demi de cavalerie, 1 compagnie du génie, 1 détachement du service de santé et des services administratifs. Soit un effectif de 2.500 hommes et 300 chevaux ; le commandement de ces forces était confié au général Drude, bien qualifié par une longue pratique des guerres coloniales.

En Espagne, les croiseurs *Infante-Isabelle* et *Don Alvar de Bazan* étaient envoyés à Casablanca. Le *Maria-Molina* entrait en armement. Des troupes de terre se tenaient prêtes à s'embarquer.

Causes de notre intervention.

Ainsi, sans attendre les interpellations annoncées de MM. les députés Boni de Castellane et Trouin, le gouvernement français prenait les mesures propres à assurer une prompte répression.

C'est qu'il était temps, en effet, de montrer aux Marocains et à leurs gouvernants que la France était prête aussitôt à venger toute insulte à son pavillon, toute atteinte à ses nationaux. Depuis quelque temps les quatre coins du Maroc faisaient acte d'hostilité ouverte contre les Européens, les Français en particulier, sans que le maghzen daignât donner suite à ses promesses de châtiment des coupables : les affaires

Perdicaris et Varley (1904), Cowper, Charbonnier (mai 1906), Lassallas (septembre 1906), de Gironcourt et Mauchamp (mars 1907), Mac-Léan (juillet), avaient alterné avec la menace de Tanger par Raissouli, de Mogador par Anflous, de Mazagan, Rabat, Casablanca par les tribus des environs, tandis que l'agitation était maintenue contre nous dans le Tafilalet, le Soudan et l'Adrar.

Il fallait conserver notre prestige aux yeux des Musulmans d'Algérie et de Tunisie. En pays d'Islam, les racontars vont vite et la nouvelle d'un massacre de Français resté impuni pouvait avoir de désastreuses conséquences. L'heure était venue, après avoir dépensé 4 milliards de francs dans l'Afrique du Nord, d'envisager la mise en valeur de notre colonie, et non de s'y confiner dans une éternelle défensive.

Il fallait intervenir, parce que l'acte d'Algésiras nous confiait le mandat — ainsi qu'à l'Espagne — d'instaurer la sécurité dans les ports marocains et leur banlieue ; parce que la France, puissance coloniale nord-africaine et musulmane, était qualifiée plus que toute autre nation par son expérience, sa situation, ses intérêts, ses moyens d'action, pour être le seul soutien et le guide de l'empire chérifien ; parce qu'enfin, à défaut de police établie, une expédition s'imposait, comme en 1900, pour la répression du mouvement boxer.

« Pourquoi ces sacrifices ? » disait M. Deschanel à la Chambre des députés le 19 juin 1908, ... « parce que nous sommes en Algérie, et qu'il faut à l'Algérie un Maroc tranquille et libre ; parce que nous avons là une situation économique de premier ordre ; parce que du premier jour où nous avons mis le pied en Algérie, nous ne pouvions ignorer le Maroc. Notre établissement dans l'Afrique du Nord est une des œuvres les plus magnifiques de notre magnifique histoire : c'est là peut-être que nous trouverons les soldats qui nous manquent, c'est de là que peut venir le salut. La question marocaine doit être tranchée au profit du commerce égal pour tous, mais la France ne saurait admettre qu'elle fût tranchée à ses dépens ».

Forme de l'intervention.

Dans sa note du 7 août aux puissances signataires de l'acte d'Algésiras, le gouvernement annonça son plan d'action : résolution de maintenir et de sauvegarder l'autorité du sultan, l'indépendance et l'intégrité de l'empire chérifien, organisation de la police (de concert avec l'Espagne), châtiment des massacreurs de Casablanca, rétablissement de l'ordre, de la sécurité et des transactions commerciales, mise en demeure pour le maghzen de donner satisfaction à nos réclamations antérieures, d'appliquer intégralement et sans délai les réformes prévues.

Cette note fit partout un excellent effet. A Berlin, notamment, elle reçut bon accueil, en dépit de l'agitation d'une certaine partie de la presse, dénonçant déjà des complications internationales nées des empiétements de la France sur le Maroc (1).

Le ministre des affaires étrangères d'Espagne dé-

(1) Apportant au grand jour des débats publics à la Chambre (12 novembre 1907 et 27 janvier 1908), les bases de notre action militaire à Casablanca, M. Pichon, ministre des affaires étrangères, résumait ainsi la question : « ... Défense de nos droits reconnus par tous, respect des conventions internationales, exécution d'un mandat européen, défense de nos colonies, loyalisme, pas d'immixtion dans les dissensions intestines du Maroc, pas de protectorat, pas d'action qui nous y conduise, pas d'expédition à l'intérieur. Nous n'irons ni à Fez ni à Marrakech. »

clarait, le 9 août, que son gouvernement marchait d'accord avec la France pour assurer la répression, et que les forces débarquées remplaceraient momentanément la police mixte, sans constituer une troupe d'occupation.

Premières forces françaises au Maroc.

Les forces françaises à Casablanca allaient comprendre au début :

1° Les forces navales(1) sous le commandement de l'amiral Philibert ;

Telles sont les bases suivant lesquelles allait être conduite l'action française à Casablanca.

2° Les forces de terre, aux ordres du général Drude, composées de :

Infanterie, 3 bataillons empruntés aux 1er régiment étranger, 1er et 2e tirailleurs algériens, 2 sections de mitrailleuses (2e tirailleurs et 2e zouaves).

Cavalerie : 1 escadron du 1er chasseurs d'Afrique, 1/2 escadron du 1er spahis algériens.

Artillerie : 1 section de 80 de montagne (et, à partir du 17 août, 1 batterie de 80 et 1 batterie de 75).

Génie : 1 détachement du 26e bataillon.

Service de santé et services administratifs.

Avant que ces troupes fussent arrivées en vue de Casablanca, les hostilités devaient s'ouvrir (2).

---

(1) Croiseurs : *Gloire*, *Condé*, *Gueydon*, *Amiral-Aube*, *Du Chayla*, *Cassini*, *Jeanne-d'Arc*, *Galilée;* aviso-torpilleur : *Bombarde;* transports : *Mytho*, *Vinh-Long*, *Nive*, etc....

(2) Les troupes s'embarquèrent en plusieurs échelons : 1° 1 section de montagne, troupes d'Oran, à Mers-el-Kébir, le 5 août, sur les vaisseaux de guerre venus de Toulon; 2° la cavalerie et trois compagnies de tirailleurs, à Alger, sur la *Nive*, le 6 août; 3° la 4e compagnie du bataillon de tirailleurs venu de Blida (1er tirailleurs), le 7 août, à Alger, sur le paquebot *Oasis;* 4° le 10 août, 2 sections de montagne.

Défense des consulats.

Les jours qui suivirent l'attentat du 30 juillet, pillage et viols continuèrent dans la ville, consommés par le flot toujours croissant des indigènes à la curée. Les premiers désordres s'étaient commis aux yeux indifférents du maghzen et des soldats, peut-être même avec la complicité de Sidi-bou-Beckr, qui refusa de mettre des postes gratuits aux consulats. Moulay-el-Amin, oncle du sultan, chef d'une mahalla opérant, sans grands succès d'ailleurs, autour de Casablanca, ramène ses troupes, et son bon vouloir s'affirme devant l'attitude énergique des autorités consulaires françaises, et devant l'arrivée en rade du *Galilée*. Quoique sa mahalla fût trop faible pour frapper un coup décisif, il fit expulser en grande partie les malandrins, et mettre des gardes aux consulats et grands établissements. Une accalmie se produit le 2 août ; mais les dispositions sont prises en vue de toute éventualité. L'enseigne de vaisseau Cosme et 12 matelots — sans armes en apparence — descendent à terre ; la mise en état de défense du quartier des consulats est discutée.

Le 4 août au soir, le commandant du *Galilée* (capitaine de frégate Ollivier) fut informé que Moulay-el-Amin ne s'opposait plus au débarquement d'une compagnie pour la garde du consulat de France. Le commandant Ollivier (1) prévint en conséquence Mou-

(1) « Il fallait profiter des bonnes dispositions de Moulay-el-Amin, qui pouvait changer, enrayer par un acte énergique le mouvement antifrançais qui menaçait de se propager dans les ports, faire cesser au plus tôt la situation dangereuse des réfugiés du *Démétrian*. » (Les Européens ayant quitté la ville étaient entassés sur ce navire dans des conditions sanitaires déplorables.) — Extrait du rapport officiel du commandant Ollivier.

lay que le 5 août, à 5 heures du matin, un détachement français serait mis à terre : la porte de la Douane devait se trouver ouverte. Lorsque, à l'heure convenue, l'enseigne Ballande arriva sur la plage, la porte se ferma devant lui et, à sa sommation, répondirent des coups de feu tirés par les soldats du maghzen de garde à la porte, non prévenus sans doute et surpris par ce débarquement inattendu. L'enseigne blessé, l'interprète du consulat de France guidant la petite troupe, se précipitent vers la porte, l'ouvrent, et s'engagent vivement dans le dédale de ruelles qui conduisent au consulat, au milieu de la fusillade devenue générale, car les autres postes indigènes et les Marocains ont pris les armes au bruit et tirent sur nos marins à tous les coins de rue. De l'extérieur, rentrent en ville les gens des tribus chassés la veille. Le *Galilée* bombarde aussitôt Casablanca. La batterie marocaine essaie de lui répondre, mais quelques obus la réduisent au silence. Les hostilités étaient ouvertes, et le consulat assiégé. Le *Du Chayla*, venu de Tanger, débarque le commandant Mangin (1) et 75 matelots ; il met à terre le 6 août encore 35 hommes et 2 canons de 65 millimètres. Une fraction commandée par l'enseigne de Teyssier va défendre le consulat d'Angleterre, (où cet officier sera blessé). Quelques marins sont jetés dans les consulats de Suède et de Portugal. Le *Don Alvar de Bazan* débarque 40 Espagnols qui défendront avec une vingtaine de Français la légation d'Espagne. Les efforts des assaillants se concentrent autour des maisons de France, d'Angleterre et d'Espagne. Le 5 août au soir, a lieu une sortie meurtrière

---

(1) La compagnie de débarquement est sous les ordres du lieutenant de vaisseau Dupetit-Thouars, qui sera l'âme de la résistance.

pour dégager les rues et établir la liaison entre les centres de résistance. Une attaque se produit dans la nuit du 5 au 6 ; elle redouble dans la journée du 6. Le bombardement par les navires français est ininterrompu. Le 6 août au soir, après avoir mis au pillage la Banque d'Etat, la Compagnie algérienne et les établissements privés, les assaillants se retirent, mais reviennent plus agressifs le 7 au matin, grossis de tribus de l'arrière-pays accourues au bruit du canon. Maintenant qu'il n'y a plus rien à piller dans la ville, les attaques sont uniquement dirigées contre les chrétiens. La petite troupe débarquée eût succombé sous le nombre, lorsque, vers 11 heures du matin, fut signalée l'arrivée de l'escadre française.

En ces trois jours de combat, notre détachement de 5 officiers et 160 marins avait subi les pertes suivantes : 3 officiers blessés (les enseignes Ballande, Bernard de Teyssier, Cosme), 3 marins tués et 16 blessés.

III

Commandement du général Drude.

Débarquement des troupes.

Le bombardement de Casablanca reprend avec une nouvelle intensité. Malgré une forte houle, les bataillons de la légion étrangère et du 2e tirailleurs sont mis à terre, tandis que les obus poursuivent les Marocains sortis de la ville. Le général Drude et le consul de France, M. Malperthuy, débarquent avec les premières compagnies d'infanterie. Les portes sont occupées, l'intérieur des remparts est parcouru par les patrouilles d'une petite garnison laissée là : car la ville à demi incendiée, jonchée de cadavres dont l'odeur empeste l'air, est devenue inhabitable, et le gros des troupes débarquées est installé au bivouac à la lisière des jardins, au sud du quartier nègre.

Pendant toute la nuit du 7 au 8, se poursuit activement le débarquement des chevaux et du matériel.

A) COMBATS AUTOUR DU CAMP. — PREMIER RENFORCEMENT.

Le général Drude ne tarda pas à être en butte aux plus sérieuses difficultés. Que fût-il advenu, si le petit noyau de troupes débarquées eût été submergé par le flot toujours croissant des Marocains, enhardis dans leurs attaques par la faiblesse numérique et l'immobilité forcée de leur adversaire? Le Moghreb entier, déjà mis en effervescence par les nouvelles de Casablanca, eût pris les armes et jeté les Européens à la mer...

Tandis qu'en ville le commandant Mangin commence à assainir, organiser, policer, l'ossature d'une ligne de défense est créée au front de bandière. Les constructions existantes sont crénelées ; en l'absence d'artillerie de campagne (qui n'est pas encore arrivée) les canons des croiseurs sont mis en batterie, les vaisseaux s'embossent dans la rade de manière à intervenir par leur feu dans les combats qui vont se succéder sous les murs de Casablanca.

Le 8 août, le camp français est attaqué par 2.000 Marocains, cavaliers en grande partie, qui font preuve d'un fanatisme et d'un mépris de la mort étonnants. Après une journée de combat, la nuit est troublée par des alertes et des escarmouches aux avant-postes.

Le 10 août, un assaut général venu de tous les coins de l'horizon est donné au camp et à la ville : il nous coûte 1 officier blessé (lieutenant indigène Feradj, du 1er tirailleurs), 1 homme tué, 9 blessés.

Le 11, nouveau combat, où les Marocains redoublent de fanatisme et d'énergie. Grâce aux troupes débarquées de la *Nive*, l'assaillant est repoussé loin du camp ; le soir, les tranchées sont renforcées. Au cours de la nuit, les Chaouïas tentent de surprendre les avant-postes...

L'arrivée du 1er tirailleurs, le 10 août, et des forces espagnoles (1), le 13 — (par le *Rio de la Plata* et le *Cindad de Cadix*) — avait apporté un appoint sérieux à des troupes tenues dans les tranchées par des alertes continuelles, privées de repos et de sommeil.

---

(1) 300 fantassins, 100 cavaliers, 2 mitrailleuses, sous les ordres du commandant Santa-Ollala.

Les instructions données par le gouvernement au général Drude, en concordance avec les déclarations de la note du 7 août, ont été ainsi résumées par M. Pichon (discours du 27 janvier 1908) : « Pacifier Casablanca et les environs, assurer le ravitaillement de la ville, poursuivre dans leurs cantonnements habituels les tribus coupables, éviter de nous engager dans une expédition à l'intérieur... »

Mais, dans l'état actuel, le général Drude ne pouvait songer à prendre l'offensive ; il devait se borner à défendre son camp, sans se laisser investir. Journellement, des reconnaissances sont envoyées à quelques kilomètres du camp ; les Marocains passent une semaine sans les attaquer. D'après les dires des gens arrêtés aux avant-postes, ils sont un peu divisés, désirent rentrer chez eux pour finir leurs récoltes ; l'épreuve de nos engins de guerre les a d'ailleurs rendus circonspects.

La ville est calme. Des corvées d'indigènes et d'Israélites ont nettoyé les rues et enfoui les cadavres. Le Tnaker et le village nègre ont été brûlés par mesure d'hygiène. Les douanes vont recommencer à fonctionner. Les communications sont établies avec Tanger et Oran (base des ravitaillements) par les transports et les contre-torpilleurs. Des croiseurs sont envoyés devant Safi, Mogador, Mazagan, Azemmour, Rabat et Tanger, où leur présence rétablit le calme.

Cependant, dans l'arrière-pays, les marabouts prêchent la djihad (guerre sainte). Le bruit court que le caïd Glaoui, chef des tribus de l'Atlas, va renforcer les Chaouïas, et le nom de Moulay-Hafid est dans toutes les bouches...

Une offensive marocaine était prévue : elle se produisit le 18 août, plus violente que les précédentes. Les efforts de l'ennemi pour tourner le camp par la plage de Sidi-bel-Yout mirent en présence les cavaliers chaouïas avec les spahis du capitaine Caud (1), qui s'engagèrent corps à corps. Le feu des navires de guerre appuya efficacement nos troupes.

Le retentissement du combat du 18 août décida le gouvernement à envoyer des renforts (2) à Casablanca. En Espagne, les nouvelles furent déclarées exagérées : des instructions limitatives furent envoyées au commandant Santa-Ollala, lui enjoignant de ne pas intervenir dans les combats (sauf dans le cas d'attaque directe contre le camp espagnol) sans autorisation du gouvernement. Les alliés se contenteront d'occuper la ville.

Le 21 août, les Marocains font pleuvoir sur le camp une grêle de balles ; ils utilisent la crête située à 1.500 mètres au sud du front de bandière. Deux officiers (capitaine d'Etaules, de la légion étrangère, et capitaine Benoît, du 1er tirailleurs) et plusieurs hommes sont blessés. Les Chaouïas, délogés, sont poursuivis jusqu'à 5 kilomètres du camp ; ils se retirent dans leurs bivouacs de Titmellil, Bou-Azza et Taddert. La « crête de surveillance », qui servait de masque à leurs mouvements, est occupée à demeure.

La tactique des Marocains, jusqu'à ce jour, consiste en ceci : des groupes compacts cheminent à l'abri des vues hors de portée de canon ; puis l'éparpillement commence, des fractions cherchant à gagner nos flancs, tandis que des troupes viennent faire la fantasia devant notre front, tirant des coups de feu, puis se repliant à l'abri pour recharger les armes; pen-

(1) Pertes : capitaine Caud, du 1er spahis, blessé; 2 hommes tués, 2 blessés dont 1 mortellement.
Le 17 août avait débarqué une batterie de 75, venant d'Alger.

(2) Conseil du 20 août des ministres de la guerre, marine, affaires étrangères, intérieur.

dant ce temps, des fantassins peu nombreux, mais utilisant parfaitement le terrain, se glissent de crête en crête jusqu'à bonne portée de fusil. Quoique toujours repoussés avec pertes, les Marocains s'attribuent la victoire, parce qu'ils nous voient évacuer le terrain conquis et rentrer journellement dans nos lignes : l'effet moral des victoires françaises est nul. Cependant, les tribus déjà engagées dans les combats se montrent moins hardies dans leurs attaques ; elles laissent aux fractions qui ne connaissent pas encore la puissance de nos canons et de nos mitrailleuses le sanglant privilège de nous charger, en masse, derrière les étendards du Prophète.

Dans l'ère de calme relatif qui suit le combat du 22 août, de mauvaises nouvelles viennent de Marrakech : Moulay-Hafid, s'appuyant sur les grands caïds du sud, Mtougui, Goundafi, Ourigui et Glaoui, s'est fait proclamer sultan ; il lève des contingents dans les tribus voisines de la Chaouïa : Tadla, Sragna, Réhamna, Doukhala.

Pendant ce temps, la mahalla d'Abd-el-Aziz, opérant sous le commandement d'Omrani, se fait battre par Raissouli et les tribus du Riff soulevées. La voix d'Abd-el-Malek, envoyé par le sultan légitime en Chaouïa pour prêcher le calme, n'est pas écoutée.

Un problème, gros de conséquences, point déjà à l'horizon : quelle sera la ligne de conduite de la France dans la lutte entre les deux compétiteurs au trône chérifien, et dans le cas où le sultan du sud viendrait apporter aux Chaouïas l'appui de ses armes ?

Arrivée de renforts.

Les renforts envoyés au général Drude consistent en : 3 bataillons d'infanterie (empruntés au 2e étranger et au 2e tirailleurs algériens) et 2 sections de mitrailleuses ; un demi-escadron de cavalerie (le reste du 1er spahis) et un goum algérien ; 1 batterie d'artillerie de 75mm avec section de montagne.

Ces troupes, débarquées à partir du 25 août, vont porter de 2.700 à 5.000 hommes, avec 1.400 animaux, l'effectif du corps de débarquement, qui comprendra :

6 bataillons d'infanterie (dont l'effectif doit être porté uniformément à 800 hommes) avec 4 sections de mitrailleuses (6 sections en octobre, après l'arrivée des 2 sections du 1er zouaves) ;

2 escadrons de cavalerie et le goum du Sud-Oranais (capitaine Berriau) ;

2 batteries de 75mm et 3 sections de 80mm de montagne ;

1 compagnie du génie (1).

B) RECONNAISSANCES A DISTANCE.

Nos reconnaissances, dirigées le 25 août sur Taddert, le 26 sur les douars des Oulad-Djallal, ne rencontrent aucune hostilité. Par contre, le 28 août, journée où le goum paraît pour la première fois aux yeux des Marocains étonnés, a lieu un fort engage-

---

(1) Dates des débarquements : 24 août, parc d'artillerie; 25 août, goum, mitrailleuse Parison (2e zouaves); 28 août, 5e bataillon du 2e tirailleurs, 2 pelotons du 1er spahis; 30 août, 18e batterie du 13e d'artillerie; 1er septembre, 4e bataillon du 2e étranger et section de mitrailleuses. Ultérieurement, 1er bataillon du 2e étranger.

ment. L'ennemi a soin de combattre plus dispersé que précédemment, en faisant soutenir les échelons avancés par le feu de groupes à pied largement égrenés.

La reconnaissance du 29 août livre encore combat.

Le 1er septembre, le commandant Thouveny est vigoureusement attaqué vers la ferme Alvarez et dégagé par l'arrivée d'un échelon de secours (1).

L'offensive française s'accentue le 3 septembre. Le général cherche à attirer l'ennemi sur un terrain favorable, de façon à lui livrer bataille dans les meilleures conditions. Deux carrés composés chacun d'environ 1 bataillon, 1 batterie et éclairés par la cavalerie, quittent le camp à 4 h. 45 du matin, se dirigeant sur Sidi-Moumen. Le premier carré (lieutenant-colonel Blanc) doit servir d' « amorce » ; le deuxième carré (lieutenant-colonel Brûlard), battant les parties du terrain qui échappent aux vues du premier, doit jouer le rôle de soutien. Par suite de leur éloignement, conséquence d'une erreur de direction initiale, les deux carrés livrent deux combats séparés. A 7 heures du matin, ils sont presque entourés par les cavaliers marocains, et immobilisés sous un feu violent (2). Les ennemis aventurés entre les carrés et la mer sortent de cette impasse grâce à leur mobilité. Tandis que cette action se déroulait à 8 kilomètres du camp, un fort groupe adverse attaquait la grand'garde, qui tous les jours venait occuper la crête de surveillance, et qui fut aussitôt renforcée par des troupes venues du camp.

---

(1) Pertes du 28 août : 4 morts, 10 blessés.

Pertes du 1er septembre : 1 officier (capitaine d'artillerie Massenet) et 5 hommes blessés.

(2) Pertes du 3 septembre (combat de Sidi-Moumen) : 2 officiers tués (commandant Provost, de la légion, et lieutenant Benizza, du 2e tirailleurs), et 8 hommes; 17 blessés.

Aspect du camp français.

Voici, d'après M. Réginald Kann, correspondant du *Temps* à Casablanca, l'aspect du camp français en fin août 1907 : « Les tentes déploient leur blancheur sur une longueur de plusieurs kilomètres, dominant à droite et à gauche la mer. A l'intérieur, c'est plein de vie et de mouvement : les hommes de corvée vont et viennent, les sentinelles font les cent pas. Groupés, les officiers causent, assis sur des nattes de branchages. A l'état-major, on travaille. Voici, à l'entrée du camp, une ligne de chevaux prêts à être sellés au premier signal. Derrière sont les tirailleurs, dont les dolmans passementés de jaune tranchent joyeusement sur la monotonie blanche des tentes. Plus loin, les légionnaires, francs buveurs, ils l'avouent, mais hardis et infatigables compagnons. A gauche, le camp se termine par l'ancienne maison d'un caïd, transformée en poste d'observation. Nous sautons une tranchée, traversons un jardin et arrivons au camp des spahis : ce sont les premiers debout à l'heure du danger. Voici, enfin, le camp de goumiers : il ne ressemble pas aux autres. Les chevaux sellés ne sont pas en files, mais attachés autour d'un pieu. Les hommes font la cuisine, quelques-uns dégustent impassiblement leur thé vert parfumé d'herbes odoriférantes. Ici, rien, pas de contrainte, de discipline rigide : on sent que ces hommes ont un commun devoir, mais qu'ils l'accomplissent chacun à sa guise. A un détour, un mur apparaît, dont les créneaux rappellent vaguement un château fort : c'est une maison transformée en forteresse. Un dernier poste d'observation, puis, à droite, la mer... L'esprit des troupes, malgré les fatigues continuelles des escarmouches, paraît excellent...

Le camp est composé de deux camps principaux, reliés par des jardins et qui occupent un front de bandière de plus de 800 mètres. On vient d'installer un réseau de fils de fer croisés sur des piquets, qui entoure une ligne de profondes tranchées, derrières lesquelles sont abrités, en toute sécurité, les canons du général Drude... »

Groupement des tribus autour de Casablanca.

D'après les renseignements recueillis auprès des indigènes, les Chaouïas sont ainsi groupés : 1° à Taddert, les gens de Médiouna, Oulad-Harriz et Mzamza, rassemblement évalué à 3.000 combattants; 2° à l'est de Casablanca, sur la piste conduisant au pays ziaïda, sont groupés, à Tittmellil, quelques centaines de Zénata, Ziaïda, Mdakras; 3° à 15 kilomètres au sud de la ville, derrière la colline de Merchich, se trouveraient plusieurs centaines de Mzab.

Premières négociations.

A la suite du combat du 3 septembre, les tribus font des offres de paix et demandent une suspension d'armes. L'armistice, accordé jusqu'au 8 septembre, doit être prolongé, en raison de l'absence des négociateurs marocains : ils cherchent à gagner du temps et réussissent à retarder l'offensive du général Drude.

L'arrivée d'un ballon captif avec un détachement d'aérostiers, le 9 septembre, permet d'économiser la cavalerie : le lieutenant Bienvenue commence, dès le 10, ses ascensions, vérifie les dires des indigènes, signale vers le sud le groupement de 600 tentes de Taddert et repère ce camp.

C) ENLÈVEMENT DES CAMPS MAROCAINS.

Taddert, 11 septembre.

Le 11 septembre, 10 compagnies d'infanterie, 2 batteries et toute la cavalerie quittent Casablanca à 6 h. 30 du matin. Comme toujours, deux échelons sont formés, aux ordres des lieutenants-colonels Diou et Passard. Un brouillard intense retarde d'abord la marche des carrés vers le sud. Après la ferme Alvarez, des partis marocains commencent le feu. Mais une marche rapide et enveloppante fait tomber entre nos mains les trois groupes de tentes abrités dans le vallon, auprès des vieux marabouts de Taddert. Le campement est livré aux flammes, l'ennemi s'enfuit avec les plus précieux des objets provenant du pillage de Casablanca. Au retour, la colonne est assaillie par les contingents venus au canon de leur camp de Tittmellil.

Un secret absolu et une action non hésitante avaient assuré la réussite d'une opération fructueuse par ses conséquences et au cours de laquelle les pertes avaient été minimes (1 mort et 6 blessés).

De nouvelles négociations s'ouvrirent. Une suspension d'armes fut accordée jusqu'au 14, puis prolongée jusqu'au 15 à midi.

Le camp de Tittmellil fut reporté par les occupants près de Sidi-Brahim-Kadmiri, au delà de notre rayon d'action habituel. Une reconnaissance dirigée, le 16 septembre, par le lieutenant-colonel Brûlard sur Aïn-Seba, et accompagnée du ballon captif, vérifia le nouvel emplacement.

La chaleur étant à cette époque très forte, par mesure d'hygiène, les troupes sont conduites à la plage de Sidi-bel-Yout pour se baigner. C'est dans ces circonstances que trouva la mort le lieutenant Pillot, de la légion étrangère, en portant secours à un soldat en danger de se noyer.

Sidi-Brahim, 21 *septembre*.

La mauvaise volonté manifeste des délégués des tribus rebelles décide le général à répéter, le 21 septembre, sur Sidi-Brahim, l'opération si pleinement réussie à Taddert. Reprenant les opérations, malgré une chaleur accablante, il porte ses troupes contre les contingents Zian, Ziaïda, Zénata, Mdakras, qui n'opposent qu'une molle résistance, et incendie le camp.

D) PREMIÈRES SOUMISSIONS.

Le lendemain, 22 septembre, 19 notables des Chaouïas, dont les principaux étaient les caïds représentants des tribus combattues la veille (Ziaïda, Zénata, Oulad-Zian, fraction Moualin-el-Oued) venaient parlementer à Casablanca. Après une longue conférence avec le général, l'amiral et le consul de France, les arrangements suivants étaient conclus et signés par de nombreuses fractions (23 septembre), qui laissaient des otages :

« Les hostilités cesseront à dater de ce jour. Le général pourra faire les reconnaissances militaires sur le territoire des tribus soumises pour s'assurer que la pacification est complète. Les tribus s'engagent à disperser et à châtier elles-mêmes tous les groupements armés qui se formeraient sur leur territoire, avec des intentions hostiles. Tout indigène qui sera trouvé en possession d'armes ou de munitions de guerre dans un rayon de 15 kilomètres autour de Casablanca devra être livré aux autorités chérifiennes, emprisonné et condamné au paiement d'une amende de 100 douros. Les tribus seront responsables. Tout indigène qui se livrera à la contrebande de guerre ou qui fera usage de ses armes sera châtié. Les délégués des tribus s'engagent à livrer les auteurs des massacres de Casablanca, dont les biens, en attendant le jugement, seront saisis et vendus. Sans préjudice de l'indemnité qui, déterminée de concert avec le gouvernement chérifien, sera versée à la France, les tribus seront frappées d'une contribution de 2 millions et demi de francs, chaque tribu payant une part proportionnelle à la durée de sa résistance. Les Chaouïas verseront un tribut pour les travaux du port de Casablanca. Des otages seront livrés (2 notables par tribu) pour garantir l'exécution des clauses qui précèdent. »

Enfin, mesure propre à hâter la pacification, le marché de Casablanca se rouvrit officiellement le 25 septembre. Il fut tout de suite fréquenté par de nombreux indigènes. Les entrées journalières, enregistrées par le service de la police marocaine qui délivrait des permis de circuler, atteignirent, dès les premiers jours et dépassèrent bientôt la centaine.

Une détente notable se produit. Les reconnaissances rayonnent à 10 kilomètres sans recevoir de coups de fusil. Les loisirs des hommes sont employés à la construction de grandes baraques pour l'hivernage ; l'arrivage des bois a commencé le 29 septembre. Des pluies torrentielles se mettent à tomber, la mer devient difficile, les orages se multiplient, dont l'un détruit le poste de télégraphie sans fil Popp. La presque impossibilité des débarquements durant la mauvaise saison est à prévoir.

Les services s'organisent. En ville sont établis : le bureau de la place de Casablanca, à côté du Dar-Maghzen ; le parc d'artillerie, dans les fondouks (entrepôts) attenants à la porte Bab-el-Raa ; les bureaux de la police marocaine, dont les compagnies indigènes (tabors) commencent à être recrutées ; la justice militaire, la direction du service de santé et l'hôpital de campagne (n° 1) entre la porte de Marrakech et Souk-Djedid. Le personnel sanitaire a été renforcé par une délégation de dames infirmières de la Croix-Rouge française, dont la patience, l'inlassable dévouement et l'instruction technique aideront au rétablissement de nombreux blessés et malades.

E) ENTRÉE EN LIGNE DES MAHALLAS HAFIDIENNES.

Cependant, les soumissions de l'intérieur ne se produisaient pas : elles étaient empêchées par la présence dans l'arrière-pays chaouïa des mahallas de Moulay-Hafid. Décidé à déposséder Abd-el-Aziz, Moulay-Hafid a recruté des contingents destinés à opérer contre les centres restés fidèles au sultan légitime. Il envoie en Europe des représentants pour demander aux puissances sa reconnaissance officielle : sa mission sera éconduite successivement à Berlin, à Londres, Rome et Amsterdam.

Tout en protestant de ses intentions bienveillantes à l'égard des Européens, et sous prétexte de ramener au calme les Chaouïas (qui l'ont reconnu sultan et qu'il approvisionne en munitions), il envoie ici Ould-Moulay-Rechid, l'agitateur du Tafilalet, qui arrive à Settat le 27 septembre, menaçant à la fois Rabat et Casablanca. En même temps, un autre groupe s'organise dans la région de Tadla, sous le commandement du fanatique Moulay-Abbas, un des agitateurs du Tafilalet.

Quant à Abd-el-Aziz, il se rapproche de la France. Il quitte Fez pour Rabat, où il mande notre ministre, M. Regnault, pour conférer sur les moyens de rétablir l'ordre. Une mahalla, sous le commandement de Bouchta-Bagdadi, vient lever des impôts et essayer de coopérer à notre action.

Mais dans l'éventualité d'une lutte entre les deux compétiteurs au trône, quelle attitude le gouvernement français va-t-il observer vis-à-vis des frères ennemis : « Entre le sultan légitime et le prétendant, nous sommes tenus à beaucoup de prudence ; notre sort n'est pas lié à celui de tel ou tel chérif, mais il tient à nos intérêts, à nos droits, à notre situation générale, à nos conventions, à nos traités, à notre histoire... » (M. St. Pichon, ministre des affaires étrangères.)

Le rhamadan, qui va commencer le 5 octobre, promet une période de tranquillité. D'ailleurs, les Médiounas se soumettent, et demandent notre aide contre les tribus rebelles de l'arrière-pays qui les menacent d'une razzia ; Ouled-Saïd, Mzab, Mzamza, Ben-Daoud se groupent vers la kasba Médiouna, tandis que la mahalla hafidienne arrive à Sidi-Aïssa à 10 kilomètres au nord-est de Ber-Réchid (1). La situation devient délicate, car : ou bien le général laissera les Médiounas se débrouiller tout seuls ; dans ce cas, ils seront à la merci des fauteurs de troubles, la protection française sera illusoire, et un revirement pourra

(1) Un télégramme du général Drude (12 octobre), signale Moulay-Rachid avec 1.000 hommes et 4 canons aux environs de Médiouna; Moulay-Abbas doit bientôt arriver. — Le marabout de Bou-Djadi, campé avec 1.500 hommes non loin des groupements hostiles, nous promet son concours (?).

se produire ; ou bien le corps de débarquement interviendra en faveur de la tribu soumise et désarmée ; alors, nos troupes, attirées dans l'arrière-pays, dépasseront les limites assignées à la police par l'Acte d'Algésiras...

Combat du 19 *octobre.*

Un événement fortuit allait hâter la solution, en mettant nos forces en présence de celles d'Hafid.

Depuis quelques jours, le ballon captif signalait le pays comme vide d'habitants ; le marché de Casablanca, mis en interdit, était moins fréquenté. Nos reconnaissances, cependant, ne trouvaient aucun groupement hostile. Un Français, M. Kuntzer, nouvellement arrivé à Casablanca comme prospecteur, fut assassiné par des rôdeurs dans une promenade aux environs de la ferme Alvarez. Car il y avait, malgré tout, des bandes de détrousseurs, à l'affût des gens revenant du marché. Une reconnaissance de cavalerie, aux ordres du lieutenant-colonel du Fretay, reçut la mission d'aller à la recherche du cadavre. Poussant ses investigations jusqu'aux environs de Taddert, elle fut attaquée par un fort parti de cavaliers de la mahalla, qui tentèrent de cerner l'escadron du 1er chasseurs d'Afrique. Après un corps à corps sanglant, la cavalerie fut dégagée. Cette rencontre, où périt le capitaine de cavalerie Ilher, marque le début de nos luttes avec Moulay-Hafid (1).

---

(1) Pertes du 19 octobre : tués, le capitaine Ihler et 1 cavalier; blessés, 8 soldats. Un petit mausolée marque au nord de Taddert la place où tomba cet officier. A la suite de ce combat, le marabout de Boujad, qui nous avait promis son concours, rentre au Tadla ; les Mzab reviennent chez eux ; Moulay-Rachid se reporte de Médiouna sur Sidi-Aïssa. (Télégr. des 23 et 27 octobre.)

Désormais, tant que le pays ne sera pas débarrassé de cet agent provocateur — la mahalla hafidienne — la pacification ne fera aucun progrès. Les rebelles se tiendront hors de notre portée : pour les atteindre, il faudrait, outre des troupes plus nombreuses, un matériel de convoi plus abondant pour le transport des vivres et des munitions.

Progrès de l'hafidisme. — Insurrection des Beni-Snassen.

La situation intérieure du Maroc s'aggrave. Le Sous, Mecknez et Fez, abandonnés par Aziz, se déclarent pour Hafid. Autour de Tanger et de Tétouan, les Andjeras s'agitent. Raissouli semble vouloir faire cause commune avec le sultan du sud. Le roghi menace de marcher sur Fez, et le caïd Aïssa sur Mazagan. Les Zaer et les Beni-Snassen complotent la mise à mort des Européens. La mahalla de Bagdadi est trahie par les Ziaïda, est battue, perd trois canons et rentre à Rabat.

A l'extrémité orientale du Maroc, les progrès d'Hafid semblent avoir leur contre-coup. La France apprend tout d'un coup que les Beni-Snassen, jusqu'à ce jour tranquilles et presque nos alliés, répondant à de multiples excitations (notamment de l'amel d'Oudjda) se sont soulevés et ont envahi le territoire algérien. De novembre à fin décembre 1907, l'opinion publique est absorbée par les meurtriers combats du Kiss, de Bab-el-Assa, de Sidi-Aïssa et le rapide encerclement du massif montagneux des Snassen, opéré par les colonnes du général Lyautey.

E) ORGANISATION DE LA BASE.

A Casablanca, le général Drude continue l'organisation et l'approvisionnement de la base de nos prochaines opérations et des futurs succès.

Abrités derrière le ravin de l'oued Bou-Skoura, qui fournit aux troupes et aux animaux la plus grande partie de l'eau nécessaire, s'élèvent en fin décembre quatre groupes de baraques, reliés entre eux et au port par une voie Decauville. Ce sont, de l'est à l'ouest, les camps II, I et III. Au centre, sur la piste de Médiouna, transformée en route carrossable, l'état-major, auprès duquel se dresse un poste militaire de télégraphie sans fil.

Les baraques, en bois, sont longues de 50 mètres, larges et hautes de 8 mètres ; elles peuvent contenir 100 hommes. Les « fermes » de la charpente ont été assemblées par le génie ; la construction des baraques, sur pilotis en général, a été exécutée par les futurs occupants, légionnaires et tirailleurs. Tout auprès, les logements des officiers, les cuisines, les popotes témoignent de l'ingéniosité et des aptitudes variées du soldat français. Au front de bandière, des cabinets d'aisance ont remplacé les feuillées. Les séguias ont été aménagées en lavoirs et en abreuvoirs. Des écuries vont être construites, et des puits creusés. Une machine distillatoire, installée par la marine à Sidi-bel-Yout, fournit l'eau potable.

A l'ouest, près de la piste de Mazagan, se reliant à la mer par le camp espagnol et le bordj du poste de télégraphie sans fil Popp, est établi le camp dit « point d'appui de droite ». A la bifurcation des pistes de Fédhala et de Sidi-Moumen, le « point d'appui de gauche » termine notre ligne de défense. Des abris légers, recouverts de tôle ondulée, y ont été construits pour les troupes nouvellement débarquées.

Le front de bandière est protégé de toute surprise par des murs garnis de miradors ou par des tranchées à fort profil, devant lesquels est établi le réseau de fils de fer. Entre les camps, fortement gardés la nuit et parcourus par des rondes incessantes, des abris pour les postes de liaison. Enfin, deux sentinelles avancées, les fortins appelés : fort Provost et fort Ihler, munis de mitrailleuses, gardent la crête de surveillance et peuvent battre la vallée de l'oued Bou-Skoura.

Les jardins abandonnés par les Marocains aux alentours du camp sont mis en culture par nos troupes et vont bientôt être en plein rapport.

Négociations de Rabat (1).

Le 16 décembre, les négociations engagées entre M. Regnault et Abd-el-Aziz, relativement aux événements de Casablanca, aboutissaient aux résultats suivants :

1° Résultats de portée internationale, rendant possible l'exécution de l'Acte d'Algésiras :

a) La police sera immédiatement installée dans tous les ports ;

b) Il sera créé une caisse de travaux publics ;

c) Les règlements relatifs à la propriété étrangère seront appliqués à Casablanca dans le délai de six mois ;

---

(1) Les résultats de ces négociations furent communiqués le 21 décembre 1907 aux ambassades françaises de Berlin, Londres, Madrid.

d) Des dispositions seront prises pour la répression de la contrebande de guerre ;

e) Une commission internationale déterminera les indemnités à accorder aux victimes des incidents de Casablanca...

2° Résultats relatifs aux opérations militaires en Chaouïa : la ville de Casablanca ne sera remise aux autorités chérifiennes qu'après pacification complète de la région et installation de la police marocaine.

Renforcement du corps de débarquement.

Délivré du souci de la répression des Beni-Snassen, le gouvernement envoie en fin décembre, à Casablanca, la colonne dite « éventuelle » constituée à Oran, pour opérer suivant les circonstances soit à la frontière marocaine, soit en Chaouïa. Elle est composée de :

2 bataillons d'infanterie (1er zouaves et 3e tirailleurs algériens) ;

1 batterie d'artillerie de 75mm avec section de montagne ;

1 escadron du 3e spahis,

et placée sous le commandement du lieutenant-colonel Taupin.

En outre, sont dirigés sur Casablanca un bataillon du 4e tirailleurs (Tunisie) et trois escadrons de chasseurs d'Afrique (deux du 3e régiment, un du 5e) (1).

---

(1) Dates des débarquements : 30 décembre 1907, 3 compagnies du 1er zouaves, escadron du 3e spahis; 1er janvier 1908, 4e tirailleurs; 5 janvier, 3e tirailleurs, 1 compagnie de zouaves, 1 batterie d'artillerie; 6 et 7 janvier, 3e chasseurs; 15 janvier, 5e chasseurs.

Le transport *Nive*, arrivé le 30 décembre en rade, ne put achever son déchargement, en raison de l'état de la mer. Obligé de prendre le large, il fut jeté sur les rochers du cap Sidi-Abd-er-Rha-

Ces renforts portaient l'effectif du corps de débarquement à 8.400 hommes, avec 2.218 animaux, à la date du 16 janvier 1908.

F) PREMIER PAS A L'INTÉRIEUR.

Il était reconnu que le principal obstacle à la pacification était l'occupation de la kasba de Médiouna (1), à 20 kilomètres au sud de la ville, par des rebelles armés, interceptant les communications, empêchant le ravitaillement par l'intérieur, entretenant l'agitation dans le pays.

D'accord avec le gouvernement, le général Drude allait marcher sur les dissidents ; la fatigue occasionnée par cinq mois de campagne, de perpétuels soucis et par de fréquents accès de fièvre paludéenne le décidèrent à demander son rapatriement.

Mais avant de quitter la Chaouïa, le général Drude eut la satisfaction d'occuper la vieille kasbah Médiouna, le 1er janvier 1908, après avoir livré combat; de poursuivre le lendemain la mahalla de Moulay-

---

man, dans la nuit du 31 décembre 1907 au 1er janvier 1908, tandis que la colonne expéditionnaire partait sur Médiouna. Un détachement fut aussitôt envoyé pour protéger l'épave. Dans le courant de la nuit du 1er au 2 janvier, le lieutenant Crémadels, du 1er tirailleurs, trouva accidentellement la mort en tombant dans un puits.

Les tentatives de lancement d'une amarre à terre échouèrent, coûtant la vie à deux marins. Le 2 janvier, l'équipage et les passagers de la *Nive* furent sauvés par le vapeur *Caramanie*. Le transport et son chargement (vivres, bois de construction, matériel du service de santé) ont été complètement abandonnés et vendus par l'autorité maritime.

(1) Télégramme du 12 décembre de l'amiral Philibert au Ministre de la marine. — Lettres de M. Malperthuy à MM. de Saint-Aulaire et Pichon (14 et 18 décembre). — Instructions du Ministre au général Drude (19 et 21 décembre), sur l'occupation temporaire de Médiouna, à laisser ultérieurement à la garde des forces chérifiennes.

Rachid, et d'arriver au marabout de Sidi-Aïssa, belvédère qui domine au loin la région du Tyrs (1).

Une garnison était laissée à Médiouna, le premier poste français à l'intérieur du pays, sous le commandement du lieutenant-colonel Brûlard (un bataillon, une section d'artillerie, deux pelotons de cavalerie, services).

CONCLUSION

Empruntons au rapport de M. Doumer, sur le budget de la guerre en 1908, le résumé des opérations de guerre précédentes, et les raisons des résultats insuffisants obtenus jusqu'à ce jour :

« Pendant les quatre mois de septembre à décembre, et surtout pendant les premières semaines, nos troupes livrent de fréquents combats, toujours vaillamment soutenus, mais sans résultats décisifs. Nous opérons dans un rayon déterminé autour de la place, sauf à faire de-ci et de-là quelques pointes qui repoussent momentanément l'ennemi, qui ne tarde pas à revenir quand nous sommes rentrés dans nos lignes.

» L'ardeur et le courage de nos soldats assurent la victoire là où ils se battent, ne sont pas inutiles, mais ne donnent pas les résultats glorieux et définitifs qu'on pourrait attendre de pareilles troupes. Quelle en est la raison ?...

---

(1) Pertes du 1er janvier 1908 : 2 tués, 4 blessés.

Pour la première fois, nos troupes reçurent des obus marocains, bien pointés, mais mal organisés intérieurement, n'éclatant d'ailleurs que percutants. L'artillerie hafidienne fut, durant la campagne, inoffensive.

Moulay-Rachid se retire après le 1er janvier 1908 sur Ber-Rechid; il est attaqué et pillé au passage par les tribus des terrains de labour, dont quelques fractions demandent l'aman (pardon) au général Drude.

» La vérité est que le corps de Casablanca n'avait pas été constitué pour aller de l'avant. On avait dû s'imaginer qu'on pouvait punir les assassins des ouvriers de Casablanca et réduire les tribus hostiles sans aller les chercher là où elles se trouveraient, sans les poursuivre, et occuper pendant ce temps le territoire où elles vivent.

» Jusqu'à la fin de l'année 1907, c'est-à-dire jusqu'au départ du général Drude, les troupes de Casablanca n'ont pas été en situation d'avoir un convoi sérieux, et, par conséquent, d'opérer les déplacements nécessaires. Malgré la valeur de leur chef, leur courage et leur endurance, les soldats du corps expéditionnaire... ne pouvaient avoir une victoire décisive.

» Le général Drude entreprit et mena à bonne fin une opération utile et brillamment conduite avant de quitter Casablanca : le 1er janvier, il enleva la kasba de Médiouna et, pour la première fois, on occupa la position conquise. »

IV

Commandement du général d'Amade. — Randonnées dans la Chaouïa. — Création des détachements régionaux.

Etat des forces militaires françaises à Casablanca. Préliminaires.

Le 5 janvier 1908, le général de brigade d'Amade débarquait à Casablanca et prenait aussitôt le commandement du corps de débarquement, à la place du général Drude, auquel la distinction de commandeur de la Légion d'honneur était conférée en récompense de ses services.

Les troupes françaises étaient en voie de renforcement. Elles allaient comprendre, le 15 janvier, en unités combattantes (1) : neuf bataillons d'infanterie, avec six sections de mitrailleuses ; six escadrons de cavalerie et un goum algérien (relevé en fin décembre 1907); trois batteries de 75^{mm} et trois sections de 80 de montagne, une compagnie du génie, avec des détachements de télégraphistes, d'aérostiers et de pontonniers.

---

(1) Organisation du 9 janvier. Commandant de l'infanterie : colonel Boutegourd; 4 régiments de marche : 1er, lieutenant-colonel Passard (1er tirailleurs et 1er étranger); 2e, lieutenant-colonel Diou (2e tirailleurs et 2e étranger); 3e, lieutenant-colonel Brûlard (2 bataillons du 2e étranger); 4e, lieutenant-colonel Taupin (3e et 4e tirailleurs); 1 bataillon du 1er zouaves, commandant Gloxin. Cavalerie : lieutenant-colonel du Frétay (1 régiment à 6 escadrons, 1 goum). Artillerie : commandant Massenet (4 batteries, dont 1 de 80).

L'arrivée d'un personnel nombreux, d'animaux, de matériel de transport, appartenant au train des équipages d'Algérie, le recrutement dans le pays de chameaux et de conducteurs indigènes, permettra l'organisation du service des convois, et donnera, enfin, au corps de débarquement la mobilité, élément essentiel d'une force militaire. Suivant toutes les colonnes d'opérations, ravitaillant plus tard les postes créés, toujours à la peine, le train des équipages devait rendre d'inappréciables services.

Dans tous les corps de troupe, le général fait organiser les petits dépôts, qui assureront la garde de la base au cours des opérations, recueilleront les éclopés et les convalescents, enverront aux colonnes les hommes valides et le matériel nécessaire, centraliseront la comptabilité. Le lieutenant Holtz, des spahis, recrute un goum marocain. Les canons de 37^{mm} de la marine sont répartis en sections (les pièces montées sur arabas), qui accompagneront les troupes ou stationneront dans les postes.

Création des postes de Fédhala et de Bou-Znika.

Le 10 janvier 1908, une petite colonne de six compagnies, avec une section de mitrailleuses, une section d'artillerie, deux escadrons de cavalerie, entre à Fédhala et détache le lendemain sur la kasba de Bou-Znika (ou kasba Hemmera) deux compagnies avec les mitrailleuses.

Ainsi est assurée la liberté de la route terrestre de Rabat, chose importante vu l'état habituel de la mer et la difficulté de franchissement de la barre qui obstrue l'embouchure de l'oued Bou-Regreg et l'entrée du port. La liaison est établie avec la mahalla de Bagdadi, campée vers la kasba Skirat ; la soumission des fractions zénata et ziaïda, qui ont déposé les armes le 23 septembre, est maintenue par l'occupation de leur pays.

Des convois journaliers, fortement encadrés, approvisionnent les nouveaux postes et Médiouna.

« Les instructions données au général d'Amade, dit M. Pichon, le 27 janvier 1908, à la tribune de la Chambre, sont les mêmes que celles données au général Drude : il demeure chargé de veiller à ce que les tribus qui entretiennent l'agitation soient ramenées à des sentiments plus pacifiques, à ce que les auteurs des crimes commis contre nous soient punis, à ce qu'un état de choses s'établisse qui nous permette de nous retirer progressivement du pays où nous ne sommes allés que provisoirement et avec un mandat limité... Le territoire des Chaouïas ne sera pas dépassé... »

Il s'agit maintenant de recueillir les fruits de la capitulation du 23 septembre 1907, d'obliger les tribus au paiement de l'indemnité, de compléter par des colonnes mobiles les bons effets de la prise de Médiouna.

Les opérations dans la Chaouïa, sous le général d'Amade, vont comprendre deux périodes distinctes :

1° Une série de randonnées dans le pays, avec retour à la base, brisant les forces de résistance ;

2° La création des postes régionaux, complément indispensable de l'œuvre de pacification.

Randonnées dans la Chaouïa.

1° OPÉRATIONS CONTRE LA MAHALLA ET L'ARRIÈRE-PAYS. COMBAT DE SETTAT, DU 15 JANVIER 1908.

Après l'occupation de Médiouna, la mahalla hafidienne de Moulay-Rachid s'était retirée à Settat. Le général veut connaître ses intentions et l'attitude des tribus de l'arrière-pays, qui jusqu'ici avaient marché contre nous, confirmer les résultats de la prise de Médiouna et châtier les Ouled-Harriz impliqués dans les massacres de juillet 1907.

Le 12 janvier 1908, une colonne de 4.000 hommes, comprenant quatre bataillons d'infanterie et deux compagnies du 1er zouaves (colonel Boutegourd), quatre escadrons de cavalerie et le goum (lieutenant-colonel du Frétay), une batterie de 75 avec une section de montagne, un convoi de deux jours de vivres, quitte Casablanca sous le commandement du général d'Amade. En territoire médiouna soumis et repeuplé, par les douars d'Ain-Djemma, d'Abdalla, elle se dirige sur Ber-Rechid, capitale dévastée des Ouled-Harriz.

Ber-Rechid, situé à 40 kilomètres de Casablanca, 30 de Settat, 75 d'Azemmour, commande au centre du Tyrs de nombreuses routes. Environné d'un grand nombre de douars, c'est un point économique important. Placée sur le revers méridional du plateau, cette ville offrait à cette époque, dans une vieille enceinte délabrée, bastionnée, aux abords parsemés de carrières et de silos, un amas de constructions inhabitées depuis quelques années, et dont les murs blancs étaient encore debout. La principale cause de ruine était le soin apporté par les Marocains à enlever les bois et poutres qui soutiennent les étages et les terrasses ou forment l'encadrement des ouvertures. Au sud de la ville, une tranchée continue, profonde de près de 2 mètres, formait une sorte de camp ou de parc à bétail.

Le 13 janvier, Ber-Rechid était occupé sans coup férir, et les Harriz faisaient leur soumission. Le détachement de sortie de Médiouna, commandé par le lieutenant-colonel Brûlard, arrivé le premier devant Ber-Rechid, se joignait à la colonne principale.

Le 14, était capturé par surprise et sans combat, dans sa kasba, le caïd Ould Hadj Hammou, instigateur des massacres de juillet.

Dans la nuit du 14 au 15 janvier, en silence, sans lumières, une colonne légère quitte les camps restés dressés et gardés (une compagnie par bataillon, quelques cavaliers, une section d'artillerie). Le but du général était « de surprendre à Settat, par une marche de nuit, les contingents hostiles qui s'y trouvaient rassemblés. Autour de ces contingents, au signal du coup de canon de l'aurore, les tribus rebelles de la Chaouïa devaient se rassembler en armes pour nous attaquer à Ber-Rechid ». (Général d'Amade. Ordre n° 4 du corps de débarquement.)

Après une halte de deux heures pour attendre le jour, le combat s'engage contre les Marocains descendus de la montagne. Le vallon où serpente l'oued Bou-Mouça, entre deux rangées de collines, est suivi par la colonne sous une grêle de balles. Une petite zaouïa est enlevée chemin faisant, et on entre à Settat. Pendant le retour au bivouac, les tribus qui cherchaient à barrer la route de Ber-Rechid furent rapidement dispersées par l'artillerie (1).

« L'action offensive de notre détachement eut pour premier résultat de surprendre l'adversaire et d'empêcher son attaque. Mais il eut surtout pour effet de montrer aux tribus marocaines qu'il n'est aucun point de leur territoire, si protégé qu'il soit par les difficultés du terrain ou par la distance, où l'action des troupes françaises ne puisse les atteindre. Vingt-cinq heures de marche, dont dix heures de combat, une moyenne de 70 kilomètres parcourus sans arrêt, des manœuvres sur un terrain aux pentes abruptes, par où toutes les armes et tous les convois ont passé, constituent le bilan de la journée du 15 janvier... » (Ordre n° 4.)

Organisation en deux colonnes.

Une garnison est laissée à Ber-Rechid, base d'action de la colonne, dite « du Tyrs », aux ordres du colonel Boutegourd. Cette colonne, par sa mobilité, son « ubiquité », assurera la sécurité de Ber-Rechid et de Médiouna (base des ravitaillements), pacifiera la région et combinera son action avec la colonne « du Littoral », directement commandée par le général d'Amade et dont la base est Casablanca. Le général réglera les mouvements combinés des deux colonnes (2).

---

(1) Pertes de la journée : tués, 4; blessés, lieutenant Crotels, du 3e chasseurs, et 18 soldats.

Un monument commémoratif de ce combat a été élevé à Sidi-Yebli, dans les gorges de Settat.

(2) Composition des colonnes : 1° littoral : général d'Amade, commandant la colonne : 1er régiment de marche, zouaves, 2 escadrons du 3e chasseurs, goum, 1 batterie de 75, 1 section de mitrailleuses, 1/2 compagnie du génie; 2° Tyrs : colonel Boutegourd, commandant la colonne; 4e régiment de marche, 2 escadrons de

Elles se séparent le 19 janvier à Médiouna, « le Littoral » ramenant à Casablanca les prisonniers faits au cours de l'expédition (1).

2° OPÉRATIONS EN CHAOUIA ORIENTALE. — COMBAT D'AIN-MKOUN (24 JANVIER 1907).

Débarrassé momentanément de Moulay-Rachid, le général d'Amade donne rendez-vous au « Tyrs » vers le confluent de l'oued Aceila et de l'oued Fekkak, (Aïn-Mkoun, dans la région de Souk-el Tnin), point situé en plein territoire hostile, entre les tribus Zian, Ouled-Ali, Ziaïda, Mdakra.

Partie le 21 janvier de sa base, dans des étapes longues, pénibles, à travers les labours détrempés par les pluies d'hiver, la colonne du Littoral gagne par Fédhala (21 janvier), Bou-Znika (22) (2), Sidi-ben-Sliman (23), la région accidentée de Ber-Rebah et, « le 24 janvier, après des marches convergentes à travers les territoires des tribus insoumises, la colonne du littoral et la colonne du Tyrs effectuaient leur jonction sur le champ de bataille d'Ain-Mkoun. Depuis 10 heures du matin, le « Tyrs » était engagé pour son compte avec l'ennemi. L'arrivée de la colonne du Littoral a eu pour résultat de lui fournir un renfort utile qui a amené la retraite de l'adversaire. Dans cette action combinée, qui s'est effectuée avec précision, à l'heure et au point de rendez-vous prévus, toutes les

---

chasseurs (1er et 5e régiments), 1 batterie et 1 section de montagne, 1 section de mitrailleuses.

(1) Ould Hadj Hammou, instigateur; Hadj Sliman el Bohr, Hadj Houssein, excitateurs des meurtriers, ces derniers arrêtés à Médiouna, et quelques autres.

(2) La colonne prend au passage une partie de la garnison de Bou-Znika : 4 compagnies du 2e tirailleurs, 1 section de mitrailleuses, 1 section de 75, 1 peloton de spahis.

armes ont fait leur devoir. La cavalerie a joué un rôle auquel le général est heureux de rendre hommage (activité, mobilité, liaison des colonnes, sécurité, charge finale et poursuite). Le détachement d'aérostiers, qui figurait pour la première fois dans une colonne mobile, a fourni d'utiles observations et a réussi à amener son lourd matériel jusqu'à la ligne de bataille ». (Ordre général n° 5) (1). — « Jeunes contingents français ont été comme courage et endurance à la hauteur des vieilles troupes d'Algérie (2). »

Après le combat du 24 janvier, les colonnes gagnent Médiouna et rentrent à leurs bases. La région de Fédhala, Bou-Znika est réoccupée par les habitants, sillonnée par des détachements assurant la liaison avec Casablanca et Ber-Rechid. Au sud de ce poste, l'influence hafidienne retient les tribus dans la rébellion. La pacification n'est et ne peut être réelle que derrière les postes. Déjà, le général d'Amade, d'accord avec M. Malperthuy, sollicite l'autorisation d'occuper Settat, qui assure la maîtrise du plateau Mzamza, et de relier Casablanca à Ber-Rechid par un Decauville, ni commercial, ni politique, simple moyen de pacification par la vue (3) ».

---

(1) Le détachement d'aérostiers et le ballon captif ne devaient plus être rattachés aux colonnes, en raison du peu de mobilité du matériel. Ils quittèrent Casablanca en fin avril 1908, après avoir « servi les canons de 37 millimètres de la marine et participé aux combats des 18 et 29 février, des 8 et 15 mars. Pendant le siège de Paris, en 1870-71, les marins de la flotte firent des ascensions, servirent l'artillerie de nos forts, combattirent dans les rangs des troupes de terre : les aérostiers ont renouvelé ce fait d'histoire et satisfait à ce principe, que chacun doit servir son pays suivant ses forces et ses capacités ». (Ordre du 23 avril 1907.)

(2) Pertes du 24 janvier : 6 blessés, dont le lieutenant d'artillerie Poirson.

(3) Le général avait reçu ordre d'assurer la sécurité de la route de Rabat (télégramme ministériel du 12 janvier). L'occupation de deux points du littoral répondait d'avance à cette prescription;

3° OPÉRATIONS AU SUD ET AU SUD-OUEST. — DAR-KSIBAT (2 FÉVRIER). — ZAOUIA-SIDI-EL-MEKKI (5 FÉVRIER) ET DEUXIÈME COMBAT DE SETTAT (6 FÉVRIER).

La colonne du Littoral, dont les attelages étaient très fatigués par les dernières opérations, se reposait à Casablanca, quand arriva, le 2 février au soir, la nouvelle du combat livré le jour même à Dar-Ksibat, aux environs de Ber-Rechid, par la colonne du Tyrs.

Par une marche de nuit, le colonel Boutegourd avait surpris des douars hostiles du Bled-Mzamza. Le 2 février au matin, un troupeau important avait été capturé. Poursuivant leur succès, nos troupes s'étaient avancées jusqu'à Dar-Ksibat et avaient canonné les dissidents. Aussitôt l'alarme était donnée dans les tribus, qui se joignaient aux mahallistes d'Amor-Skutani, successeur de Moulay-Rachid, et assaillaient en masse le « Tyrs » durant son retour à Ber-Rechid par Zaouïa-el-Mekki. Le troupeau, héroïquement défendu par une poignée d'hommes (parmi lesquels la section de mitrailleuses du lieutenant Bosquet, du 1er zouaves, qui eut 6 blessés sur 14 soldats) était perdu pour nous, mais les Chaouïas nous cédaient le terrain à 1 h. 30 de l'après-midi ; à 2 h. 45, le lieutenant-colonel Brûlard, accourant au canon avec une partie de la garnison de Ber-Rechid, faisait sa jonction avec le « Tyrs ». La journée nous coûtait : tués,

---

le passage du « Littoral » par la côte avait confirmé les résultats acquis.

Le 15 janvier, sur une demande pressante de notre ambassadeur à la cour chérifienne, et sur les sollicitations d'Aziz demandant notre appui militaire, le gouvernement ordonne d'assurer l'évacuation de la colonie de Rabat menacée, de recueillir Aziz s'il se réfugie dans nos lignes, mais de ne mettre en aucune façon nos troupes au service de sa cause.

1 officier (lieutenant Ricard, du 3e chasseurs) et 8 hommes ; blessés, 4 officiers (lieutenant-colonel Passard, capitaine Fallex, qui devait mourir ultérieurement, lieutenants Forgemol de Bosquenard et Boyre) et 46 soldats.

Le 3 février au matin, le « Littoral » quittait Casablanca, joignait le « Tyrs » et campait le 4 à Dar-Hadj-Hammou. Le 5, le camp venait d'être dressé à Zaouïa-el-Mekki, sous la protection des avant-postes et de la cavalerie, quand la face sud des bivouacs fut attaquée par les Marocains (Mdakras, Ouled-Saïd, Mzamza, Bou-Ziri, Ben-Daoud), aidés par la mahalla avec 3 canons dont les obus venaient tomber près des tentes : une vigoureuse et rapide contre-attaque éloigna l'adversaire, dont les rôdeurs causèrent une alerte nocturne.

Observer la neutralité vis-à-vis des troupes d'Hafid après cette agression eût été une marque de faiblesse. Après une nuit troublée par des tirailleries aux avant-postes, le 6 février avant le jour, les deux colonnes se mettent en marche sur Settat ; les impedimenta sont laissés à la Zaouïa. Dès l'aube le combat s'engage. Les cavaliers marocains cherchent à charger les faces extérieures de nos deux carrés qui s'avancent en échelons. L'ennemi est poursuivi de crête en crête, canonné à son entrée dans les gorges de Settat, qui est bombardée et dont la population juive nous accueille en libérateurs. Avant la tombée de la nuit, le général, afin de restreindre le champ de ses opérations, quitta les hauteurs où les colonnes étaient établies en halte gardée et ramena dans la nuit les troupes au bivouac de Zaouïa-el-Mekki.

Le 9 février, les forces françaises campaient dans la région pittoresque des rochers des Ouled-Zirs, non loin des zaouïas Sidi-el-Ourimi et Chantouf : les dissidents razziés se retiraient en tirant quelques coups de feu. Le 10, les colonnes gagnaient les ruines de kasba Ayachi, centres des Ouled-Saïd dont les fractions amenaient le taureau traditionnel de la soumission. Ce même jour, M. Christian Houel, familier de Hafid et correspondant du *Matin*, venait au camp français négocier au nom du sultan du Sud. Mais le général d'Amade ne pouvait traiter au nom de la République avec un souverain ignoré par l'Europe. Il ne pouvait qu'opposer une fin de non-recevoir aux demandes de M. Houel et l'engager à aller conférer à Casablanca avec les autorités consulaires... Aux prétentions formulées par écrit de Moulay-Hafid, demandant au nom de la liberté du peuple marocain : l'abandon par la France de la cause d'Aziz et le retrait du corps de débarquement, il fut répondu, le 23 février, par l'intermédiaire du consul. Le gouvernement indiquait la ligne de conduite adoptée, sa résolution, non de faire la guerre aux habitants, mais de châtier les meurtriers et les tribus qui, après soumission, avaient attaqué nos troupes et reçu le secours d'Hafid; que les troupes ne seraient pas retirées devant celui qui, en nous assurant de ses dispositions pacifiques, intervenait en faveur des assassins de nos nationaux, appelait les tribus à la guerre sainte et nous combattait avec férocité.

Les nécessités du ravitaillement ramenaient, le 11 février, le général vers le nord. Par Dar-Ould-Fatima et Dar-Hadj-Hammou, les troupes rentraient, le 13, à Ber-Rechid. Déjà se montrait ici un changement appréciable. Les indigènes Harriz fréquentaient le marché, les brèches des remparts étaient réparées, des camps étaient organisés pour les troupes de passage. Le camp, enclos d'une tranchée au sud de la ville, était garni de canons de 37 millimètres.

Non loin de Zaouïa-Mekki, sur le champ de bataille du 2 février, un petit mausolée était édifié à la mémoire du lieutenant Ricard et des chasseurs Rousseau et de Kergorlay, et confié à la garde des indigènes. Un monument de plus grandes proportions, composé de trois colonnes, devait être inauguré à cette même place, le 2 février 1909, à la gloire des morts du combat de Dar-Ksibat.

4° OPÉRATIONS CONTRE LES MZAB, MDAKRAS, ZIAIDA. — COMBATS DE SIDI-ABD-EL-KERIM (18 FÉVRIER), DE BER-REBAH (16 ET 17).

Dans les nouvelles opérations qu'il va entreprendre en Chaouïa orientale, le général veut reconnaître les abords du massif montagneux des Mdakras et des Mzab ; le caractère du pays et le naturel guerrier des habitants exigent l'emploi de toutes les forces disponibles. Quatre colonnes vont être concentrées en pays ennemi : le « Littoral » et le « Tyrs » venant de Settat, le détachement de Ber-Rechid, le détachement de Bou-Znika.

Le 16 février, menaçant la mahalla avec le Littoral et le Tyrs, le général d'Amade bivouaque pour la troisième fois à Settat, où quatre importantes fractions mzamzas et des fractions Ouled-Saïd demandent l'aman. Le 17, les troupes prennent la direction de l'est, en longeant les pentes septentrionales du plateau, et viennent camper à l'oued Tamazer. Déjà, dans cette région, quelques douars ont rétabli leurs tentes ou leurs gourbis et ramené les troupeaux.

Le 18 février au matin, les groupements hostiles sont délogés du sommet du Nouider, repoussés vers le sud par les colonnes qui entrent en pays mzab par la vallée de l'oued Mils. A gauche, la cavalerie s'est reliée au détachement du lieutenant-colonel Brûlard (5 compagnies, 1 demi-escadron, 1 section d'artillerie, 2 pièces de 37), qui tenait tête au gros des forces hafidiennes et mdakras et était immobilisé sur l'oued Ayata par leurs attaques audacieuses. Dégagé par l'intervention d'une fraction du Littoral, ce détachement venait camper près des deux colonnes à Sidi-Daoud (1).

Le détachement de Bou-Znika (six compagnies, un escadron, une section de 75), le plus exposé en raison de son isolement, n'avait pas paru sur le champ de bataille. Parti de Bou-Znika dans la nuit, il arrivait à Ber-Rebah à 2 heures après-midi, après une étape de 30 kilomètres. Ayant à grand'peine retiré des bas-fonds du Neffifik son convoi, il fut attaqué par les contingents zian et ziaïda insoumis ; leurs assauts furieux redoublèrent le 17 dès le lever du jour et durent être repoussés à la baïonnette. La nuit mit fin au combat, où avaient péri les lieutenants Pol Boulhaut et Ahmed, et 7 soldats, tandis que 3 officiers (capitaine Civatte, lieutenants Dupas et Djenani) et 22 hommes étaient blessés. Ayant épuisé ses munitions dans ces deux jours de combat, le lieutenant-colonel Taupin regagna Fédhala, poste le plus proche.

Les mauvaises nouvelles reçues du détachement de Bou-Znika décidèrent le général à revenir vers le nord, en traversant le pays mdakra, pour venir camper à Sidi-Aïssa (19 février).

(1) Pertes du 18 février : Littoral, Tyrs, 1 mort, 6 blessés. Détachement de Ber-Rechid, 1 mort; blessés : capitaine Benet (2e étranger), et 17 hommes. Dans la nuit, en plein pays hostile, un bataillon de tirailleurs escortait sur Ber-Rechid les blessés, soignés et réconfortés par M. de Valence, de la Croix-Rouge.

5° COLONNE AUX MDAKRAS. — COMBAT DES RFAKHAS SOUK-EL-TNIN (29 FÉVRIER).

L'expérience ayant condamné l'emploi momentané des petites colonnes, l'opération du 18 février allait recommencer sur un autre point.

Le 28 février, les troupes étaient concentrées à Sidi-Madjoub, sur les bords de l'oued Mellah, en pays zian, à peu près soumis et réoccupé, mais dans les douars duquel on remarquait encore l'absence des jeunes gens et des chevaux. Les forces françaises sont divisées en deux groupes : groupe A, comprenant le Littoral et le détachement de Ber-Rechid, sous les ordres du général d'Amade ; groupe B, le Tyrs et le détachement de Bou-Znika, sous le commandement du colonel Boutegourd. Le lendemain devait se livrer un des plus sanglants combats de la campagne :

« La journée du 29 février a débuté par un fait d'armes et s'est terminée par une victoire. Les colonnes avaient quitté, à 4 heures du matin, leurs bivouacs sur l'oued Mellah, pour se porter à Aïn-Mkoun, où elles devaient procéder au ravitaillement des trains régimentaires par un convoi venu de Médiouna. Sur le plateau des Rfakhas, couvrant le ravitaillement, était établie une troupe de couverture, comprenant la cavalerie, la colonne de Ber-Rechid, le bataillon du 1er zouaves et la batterie de montagne. Vers 10 heures du matin, l'ennemi (Mdakras et mahalla composée en grande partie de fantassins avec des canons) prononça une attaque contre la cavalerie qui formait la droite du dispositif de couverture. Brusquement serrée de près par des cavaliers et des fantassins de plus en plus nombreux, les chasseurs d'Afrique, sous le commandement de M. le colonel de Luigné, exécutèrent des charges par pelotons successifs. Le terrain fut déblayé en un instant, mais l'obligation de recueillir les blessés ramena les cavaliers sous une violente fusillade. A ce moment, les pertes furent sérieuses (10 morts, 23 blessés). Hardis dans leurs attaques, prompts à secourir, au péril de leur vie, les camarades tombés, les chasseurs d'Afrique sont restés dignes de leurs glorieuses traditions. A l'extrême gauche, le bataillon du 1er zouaves, repoussant à la baïonnette l'irruption des fantassins ennemis, fit honneur lui aussi à son histoire et à son drapeau. L'action se développa par l'entrée en ligne des colonnes du Littoral et du Tyrs. L'offensive fut ordonnée, et, après une poursuite de 7 kilomètres, l'ennemi, définitivement rejeté vers le sud (1). » Au cours de cette affaire, avaient été tués ou mortellement frappés : le lieutenant Merle, du 5e chasseurs, 10 cavaliers, 2 tirailleurs, 2 zouaves ; blessés, le lieutenant Vallée, du 5e chasseurs, et une cinquantaine d'hommes. Quant aux critiques formulées contre l'opportunité des charges de cavalerie le 29 février, elles trouvent réponse dans la relation du combat des Rfakhas par un témoin oculaire, M. le capitaine Azan (2).

Prenant le lendemain la route du nord, après avoir franchi l'oued Mellah devant les Marocains qui n'osaient attaquer, les colonnes traversaient le pays mdakra, le champ de bataille de Ber-Rebah et venaient camper le 1er mars, à 9 heures du soir, à la limite de

---

(1) Général d'Amade, ordre n° 20 du corps de débarquement.

(2) Un monument commémoratif du combat du 29 février a été érigé à l'emplacement où se déroulèrent les sanglantes charges des chasseurs d'Afrique; il fut inauguré en mars 1909 par le général Moinier et les troupes du camp du Boucheron.

la forêt des Ziaïda, au marabout de Sidi-ben-Sliman. Le combat était offert, le 2, dans une reconnaissance sur Sidi-Ismaïl, mais les tribus montagnardes, emmenant tentes et troupeaux, se retiraient vers le sud-est.

Par la forêt des Ziaïda, Bou-Znika (3 mars), Fédhala, le général menait ses troupes à Sidi-Hadjadj-Zenati, centre d'un pays soumis et repeuplé, à proximité du foyer de résistance à réduire.

6° NOUVELLES OPÉRATIONS AUX MDAKRAS (COMBAT DU MQARTO, 8 MARS) ET AUX MZAB (COMBAT DE BEN-AHMED, 10 MARS).

Le camp de Sidi-Hadjadj est levé le 7 mars et transporté à l'oued Ayata, limite des Harriz et des Mdakras. L'objectif du 8 mars est Dar-bou-Azza-ben-Charki et le Mqarto. La vallée de l'oued Aceila est signalée comme fortement occupée par les Marocains. Le Tyrs, qui est en tête de la colonne de route, se déploie, enlève Dar-ben-Sliman et les crêtes de Sidi-Mbarek. Le Littoral, à sa droite, vient former aile marchante dans un grand mouvement de conversion vers le nord-est qui balaye la vallée, les pentes de Sidi-Aceila et le plateau dit « bled Ezzegarna » jusqu'à l'oued Fekkak. Mahalla et Mdakras sont rejetés dans des ravins profonds, où ils se croient à l'abri. Mais, dans le ravin de l'Hallouf, un camp est découvert et criblé d'obus, ainsi que les occupants, jusqu'à ce que le général, par un esprit d'humanité auquel des écrivains étrangers ont rendu un juste hommage, ordonne à l'artillerie de cesser son feu. Les rebelles laissaient en ce point un grand nombre de morts, des munitions, une pièce de canon (Canet de montagne) et leur campement (1).

(1) Pertes du 8 mars : 1 tué, 8 blessés.

Le lendemain matin, des notables venaient parlementer avec le général, qui quittait le bivouac de l'oued Aceila, pour se porter à Sidi-Abd-el-Kerim, et de là sur Kasba-ben-Ahmed. Refoulant, le 10 mars, les Achach et les Mzab, qui n'offraient qu'une molle résistance, les troupes se saisissent rapidement des crêtes dominant le col de Sidi-Bou-Beker, et surgissent autour de Ben-Ahmed, dont les ruines sont encore plus délabrées que celles des Ouled-Saïd. Sous la menace des canons braqués, les caïds, après avoir palabré sur la crête opposée, viennent au galop vers le général présenter leur soumission. Le pays mzab est aussitôt évacué.

Le 11 mars, le bivouac de Sidi-Aïdi était levé pour marcher sur l'oued Tamazer. En l'honneur du goum algérien rapatrié et quittant la colonne, une revue générale était passée avant le départ, au pied de la montagne, sous les yeux étonnés des populations soumises. Avant le défilé, des troupes d'Afrique massées s'éleva, trois fois répété par tous, le cri de : « En avant », affirmation du haut moral des forces débarquées, symbole de leur incessante offensive, salut adressé à la France, au Président de la République et aux camarades tombés au champ d'honneur.

7° OPÉRATIONS AU BLED MZAMZA. — SIDI-EL-OURIMI (15 MARS).

Cependant, une mahalla hafidienne, aux ordres de Bou-Azzaoui, rôde toujours aux environs de Settat, où nous entrons pour la quatrième fois le 13 mars, au son des clairons ; le général est suivi de nombreux « kebbar » qui sont venus le saluer. Un poste optique établi à l'entrée de la vallée, sur l'éperon de la rive droite, relie la colonne à Ber-Rechid.

A peine arrivé au nouveau bivouac, le général reçoit la visite de MM. Houel et Vaffier-Pollet, venant de la part du prétendant faire des ouvertures de paix. Hafid adressait deux lettres au général. Il prétendait, d'une part, que les Zaer et les Zemmour allaient se joindre aux Mdakras si la guerre continuait ; d'autre part, qu'il avait donné ordre à ses lieutenants de suspendre les hostilités. Bou-Azzaoui déclarait, de son côté, que la paix lui était nécessaire pour ramener le calme dans les tribus : « Les tentatives de rapprochement d'Hafid et de ses lieutenants, dit le général d'Amade dans son rapport officiel, sont celles d'hommes qui cherchent à gagner du temps pour réorganiser leurs mahallas désemparées, pour ressaisir l'influence qui leur échappe, pour présenter au pis-aller la soumission des tribus comme leur œuvre. » Dans une autre lettre, Bou-Azzaoui recommandant l'immobilité, le général décide de marcher, puisque le mouvement de nos troupes doit contrecarrer les projets de nos adversaires.

Le 14 après-midi, les colonnes quittent Settat, arrivent à la nuit tombante à la kasba des Ouled-Saïd, dont les notables ont presque en totalité demandé l'aman.

Dans la région de Sidi-el-Ourimi, s'était formé à la voix de Bou-Nouala, « l'homme à la cabane », ermite vénéré de la tribu ouled-saïd, un rassemblement de dissidents appartenant à diverses fractions de la Chaouïa occidentale. Le marabout leur prêchait la guerre sainte et les abusait par les plus grossières superstitions. Son action, jointe à celle de Bou-Azzaoui, était le principal obstacle au repeuplement du Bled-Mzamza. Le général décide de disperser, le 15 mars, ces groupements hostiles.

Les troupes arrivent à 11 heures du matin à Dar-

Fatima, installent comme d'ordinaire le bivouac et, laissant le camp à la garde d'une petite fraction de chaque unité, repartent allégées à 2 heures de l'après-midi vers le nord-ouest. « La direction de marche du matin, l'établissement du bivouac après une étape normale, le secret gardé jusqu'à la dernière minute sur le but et la direction même de la reconnaissance devaient faciliter l'action par surprise. Toutefois, je fis faire jusqu'au dernier moment des tentatives pour amener Bou-Nouala et ses partisans à suivre l'exemple donné par de nombreux douars de leurs tribus. Ces tentatives restèrent infructueuses. »

Les colonnes du Littoral et du Tyrs, les détachements de Ber-Rechid et de Bou-Znika, assurant le flanquement des premières, sont constitués d'une façon autonome. Les vedettes ennemies signalent bientôt notre mouvement. Malgré une vive résistance et des charges désespérées sur nos flancs, les dissidents sont rapidement délogés des crêtes rocheuses qui encadrent la Zaouïa Sidi-el-Ourimi : au delà de la Zaouïa s'étend un camp immense (1.500 tentes), formé de plusieurs groupes disposés en cercle. Le premier douar (celui du marabout) est enlevé à la baïonnette. Troupeau, provisions de bouche, campement et ustensiles ménagers, des femmes, des enfants... tombent entre nos mains, tandis que l'artillerie poursuit une cohue de fuyards à l'horizon jusqu'à la nuit tombée, et que des coups de feu isolés saluent notre passage auprès des tentes. Aucun être humain ne fut maltraité : « La discipline des troupes et l'humanité du commandement tempérèrent les rigueurs de la lutte. Devant les gens désarmés..... les baïonnettes rentrèrent au fourreau. » (Ordre général n° 27.) Les prisonniers et le troupeau furent laissés sur place. Aucun pillage ne fut fait ; une partie des tentes seulement fut incendiée, répression nécessaire en raison de la présence sur les lieux de notabilités chaouïas nouvellement soumises : « J'estimai la répression suffisante pour ruiner l'influence de Bou-Nouala. J'entendais, en laissant à ses partisans leurs troupeaux et la plupart de leurs tentes, leur permettre de réoccuper leur territoire abandonné et de s'y livrer de nouveau aux travaux de la paix. » (Général d'Amade.)

L'incendie fut éteint par une pluie diluvienne, sous laquelle les troupes rentrèrent dans la nuit à leur bivouac, pour gagner de là Dar-Hammou et Ber-Rechid. Le général se rendait à Casablanca pour y saluer, à leur débarquement, M. Regnault, ministre de France au Maroc, et le général Lyautey, en mission en Chaouïa.

L'opération de Sidi-Ourimi, si peu coûteuse pour nous (1 mort, 2 blessés), causa aux Marocains d'énormes pertes ; ils abandonnèrent sur place 150 à 200 tués, et le fils du caïd de Settat nous a raconté qu'ils enterrèrent des morts pendant six jours consécutifs. Si brillamment conduite, qu'on ne trouve de comparable dans l'histoire des guerres d'Afrique que la prise de la smala d'Abd-el-Kader, cette action porta bientôt ses fruits : Ouled-Saïd et Harriz dissidents, nouvelles fractions mzamzas, chiedmas et chtoukas envoient, le 16 mars, à Ber-Rechid, des députations et repeuplent leurs territoires. De la rive gauche même de l'oued Oum-Rbia, des tribus de la famille doukhala, les Ouled-Faredj, demandaient notre protection.

CONCLUSION

Les deux victoires du Mqarto et de Sidi-el-Ourimi, remportées à quelques jours d'intervalle, aux pôles de la Chaouïa, clôturent l'ère des randonnées. Dans ces opérations, « il semble, dit M. Doumer (rapport sur le budget de la guerre), que le général d'Amade ait tiré de ses troupes et des moyens d'action dont il disposait tout ce qu'il était permis d'en attendre. Les combats, parfois meurtriers, mais toujours victorieux, se sont succédé avec une extraordinaire rapidité. Les derniers paraissent avoir donné des résultats considérables, qui peuvent nous acheminer vers la solution, au moins partielle, du problème marocain. Une fois de plus, notre armée a bien servi les intérêts de la France. Elle s'est montrée digne de sa haute réputation... La marine nationale, employée au Maroc depuis le jour où les difficultés ont commencé, a fait bonne figure à côté de l'armée de terre. Toujours en lutte avec les éléments de la mer, difficile et mauvaise, quand ce n'était pas avec l'ennemi, elle s'est montrée égale à elle-même et a accompli sans faiblir la tâche que le pays lui a confiée ».

Les coups portés aux Chaouïas, suivant une ligne courbe autour de Ber-Rechid, déterminée par cette arête montagneuse, véritable balcon, qui limite la Chaouïa agricole, de Ber-Rebah à Sidi-Ourimi par Sidi-Aceila et Settat ; les succès croissants des opérations ont dégagé la situation et rendu possible une action politique, qui eût été prématurée avant ces coups de force.

La création, enfin décidée, de postes fixes provisoires allait amener la soumission des tribus encore hostiles et la complète pacification du pays.

Etablissement des détachements régionaux.

Etat politique du pays.

M. Regnault et le général Lyautey, organisateur de la police mobile du Sud-Oranais, venaient, au milieu de mars 1908, se rendre compte du degré de pacification du pays, et étudier sur place les conditions d'organisation, d'installation des postes, des détachements régionaux, et l'évacuation progressive de la Chaouïa.

A cette époque, l'état politique était le suivant : 1° Les tribus de plaine, exclusivement, Zenata, Mediouna, Zian, Harriz, sont rentrées complètement dans l'ordre ; 2° les Mzamza, Ouled-Saïd, Mzab, tribus à la fois de plaine et de montagne, sont en voie de pacification. Quelques fractions ziaïda, les Soualem, Chiedma et Chtouka ont fait des propositions pacifiques ; 3° restent deux noyaux hostiles : à l'est, quelques Ziaïda, Mzab (Achach), et la totalité des Mdakras, soutenus par les Zaïan et la mahalla d'Amor-Skutani avec des canons ; au sud, les Sidi-ben-Daoud et les Ouled-bou-Ziri, tribus habitant exclusivement le plateau moyen, soutenues par la mahalla de Bou-Azzaouï (avec du canon), avant-garde de Moulay-Hafid, campé sur l'oued Rbia, à Mechra-Chaïr.

Nécessité et rôle des postes et détachements régionaux.

Des postes fixes, en avant de Ber-Rechid, étaient devenus une nécessité. Bien approvisionnés, ils devaient économiser la fatigue et la vie des soldats, permettre à nos colonnes de s'aventurer jusqu'au fond du pays, matérialiser les résultats, rendre durables les sanctions, éviter le retour en arrière au lendemain de toute bataille, retraite qui, mal interprétée des indigènes tant soumis que rebelles, compromettait l'effet moral de la victoire. Base d'action d'une force vigilante toujours en mouvement, les postes étaient un gage de paix : car, d'une part, ils étaient une menace constante pour les dissidents, et, d'autre part, une assurance de protection pour les tribus soumises. Mettant en contact journalier les Marocains avec nos soldats redoutés mais inconnus d'eux, établissant un courant commercial et une atmosphère de confiance et de sympathie, offrant aux malades indigènes des soins et des médicaments gratuits, ces centres d'attraction pacifique devaient faire tomber les dernières hésitations. Points d'appui des forces de police, purement indigènes, à créer et destinées à remplacer les troupes débarquées, le jour où l'autorité locale serait définitivement restaurée et affermie, ils devaient être le centre politique de la région confiée à leur garde. Momentanément, des caïds, soigneusement choisis, y seraient guidés, surveillés et soutenus dans leur tâche.

Considérations générales sur les points à occuper, sur l'organisation et l'installation des postes.

Les considérations militaires et ethniques, guides de Moulay-Hassan, quand il maintenait la Chaouïa dans l'obéissance, pouvaient servir dans la détermination des points à occuper :

1° Les tribus côtières, d'un naturel assez paisible, dès longtemps en relations avec les Européens, étaient maîtrisées par les postes du Littoral, par Médiouna et Ber-Rechid, qui avaient donné des résultats concluants. Un poste restait à créer vers Azemmour ;

2° Sollicités par les tribus de la plaine d'assurer leur protection, nous devions prendre pied sur le balcon de la Chaouïa, nous y établir d'une façon stable, de manière à éviter les retours offensifs des dissidents : l'exemple de Settat, pillée après le 15 janvier et le 6 février, du caïd des Mzab, menacé dans sa vie après le 10 mars, démontraient que toute occupation devait être suivie d'un stationnement propre à assurer la pacification, donner des garanties aux habitants, reconstituer l'autorité locale, sous peine d'être plus nuisible qu'utile et de s'aliéner les populations. Settat, centre des Mzamza, Kasba-Ayachi, centre des Ouled-Saïd, Kasba-ben-Ahmed, centre des Mzab, s'imposaient dans des régions où les groupements de la plaine et ceux de la montagne sont étroitement solidaires. Aux Mdakras et aux Ziaïdas, où les groupements de la montagne et de la forêt sont les plus fanatiques, indépendants et exerçant une grande influence sur les gens de la plaine, il importait de s'installer au cœur du pays, pour rayonner et agir sur l'ensemble de la confédération ;

3° Par contre-coup et par communauté d'intérêts, l'occupation de Settat et de Kasba-Ayachi, barrant les routes du sud, pouvait amener la soumission des tribus de l'arrière-pays, Sidi-ben-Daoud et Bou-Ziri, de même sous-groupement ethnique (Ouled-bou-Rezg), que les Ouled-Saïd et les Mzamza.

Les effectifs des détachements régionaux étaient

fonction : de la nature du pays, du nombre et du tempérament des habitants, des influences qui pouvaient agir sur eux.

Dans l'établissement de ces postes, il fallait donner aux indigènes l'impression que notre installation sur leur sol, auquel ils sont très attachés, ne serait pas définitive : donc, limiter les constructions à celles indispensables aux services et à l'hygiène des troupes, partout où l'évacuation serait possible sans préjudice économique et moral. Au contraire, ne pas hésiter à faire des frais pour les établissements qui pourraient être laissés aux forces indigènes (fortifications) ou contribuer à la prospérité du pays (infirmeries, travaux publics...) après notre départ. Donner large satisfaction à tous les intérêts économiques et un nouvel essor aux transactions commerciales.

Etant donné leur multiple but, les postes, solidement construits, capables de résister plusieurs jours, en attendant l'arrivée des réserves placées dans l'expectative au centre du réseau, devaient posséder des magasins à vivres et à munitions, un service de transports, une infirmerie d'évacuation, une infirmerie indigène — bâtie de préférence hors du bordj — un détachement de sortie pour rayonner dans le pays, enfin et surtout un service des renseignements bien organisé, oreille tendue par delà la périphérie de la Chaouïa.

A ce service, assuré par nos officiers des affaires indigènes d'Algérie, centralisé à Casablanca, afin d'assurer l'unité d'action, la convergence des efforts, d'autre part la canalisation, le recoupement, le contrôle des nouvelles, à ce service, marchant de concert avec l'autorité consulaire, allait incomber la dernière tâche assumée par la France : réorganisation administrative du pays, fortification des pouvoirs locaux, préparation des contingents marocains.

Nouveau et dernier renforcement.

Afin d'assurer la relève des unités fatiguées, la continuité des efforts, l'établissement des garnisons nouvelles, le corps de débarquement était grossi en fin mars de 4.000 hommes et 640 animaux, ce qui allait porter l'effectif total à 14.000 soldats, 4.650 chevaux ou mulets, 16 canons de 75, 6 pièces de 80 de montagne et 20 mitrailleuses. Les renforts comprenaient (1) :

Infanterie : 5 bataillons empruntés au 4ᵉ zouaves, aux 3ᵉ et 4ᵉ tirailleurs et 2 bataillons de tirailleurs sénégalais.

Cavalerie : 1 escadron du 6ᵉ chasseurs d'Afrique, et 4 sections de mitrailleuses de cavalerie, qualifiées de « mitrailleuses galopantes ».

Artillerie : 1 batterie d'artillerie de 75mm.

Des renforts successifs ont porté à 3 le nombre des compagnies du génie, à 3 celui des compagnies du train des équipages.

Le service de santé a installé, à Médiouna et à Ber-Rechid, des infirmeries-ambulances, et a reçu des voitures légères pour blessés, qui remplaceront désormais les arabas pour les transports d'évacuation, sur des pistes maintenant aplanies.

Deux colonnes d'opérations (2) subsistent : celle du

---

(1) Dates des débarquements : 11 mars, 6ᵉ chasseurs; 17, 3ᵉ tirailleurs; 21, 4ᵉ tirailleurs et batterie (15ᵉ du 12ᵉ régiment), 4ᵉ zouaves; 28, tirailleurs sénégalais

(2) Organisation du 25 mars 1908 : les 14 bataillons sont groupés deux à deux et forment 7 régiments de marche, pourvus (sauf le régiment sénégalais), d'une section de mitrailleuses. Les 5 escadrons de chasseurs et les 2 escadrons de spahis constituent un régiment de cavalerie à 7 escadrons A chaque escadron de chas-

Littoral, sous les ordres du colonel Moinier ; celle du Tyrs, sous le commandement du colonel Boutegourd.

Création du détachement régional des Mdakras. — Combat de Sidi-Aceila (29 *mars*).

Aux opérations de la première période, « portant à l'adversaire des coups rapides et déconcertants, parce qu'en apparence désordonnés » (général d'Amade), succède une période d'organisation méthodique, militaire et politique. Avant d'assurer les flancs du pays chaouïa, le général va constituer fortement le front : Mdakras, Settat, Ouled-Saïd.

« Passant à la deuxième phase de son programme, le général a jugé le moment venu de confier à des détachements régionaux la surveillance et la sécurité de certaines zones. Le premier détachement devait être localisé provisoirement dans la région des Mdakras. Dans ce but, une opération de refoulement et de déblayage s'imposait encore. Les colonnes du Tyrs, sous les ordres du colonel Boutegourd ; du Littoral, sous les ordres du colonel Moinier ; enfin, une réserve

---

seurs (ou groupe d'escadrons, pour le 3e chasseurs), est rattachée une section de mitrailleuses galopantes.

Composition des colonnes :

1° Littoral : colonel Moinier, commandant; 2e, 5e, 6e régiments de marche, sous les ordres, respectivement, du colonel Diou, du commandant Delaveau et du colonel Branlière; 2 escadrons du 3e chasseurs, 1 peloton du 3e spahis, 1/2 goum, 2 batteries de 75 et la batterie de montagne, 1 section de munitions, 1 section du génie, ambulance.

2° Tyrs : colonel Boutegourd, commandant; 1er, 3e, 4e régiments, sous les ordres des lieutenants-colonels Passard, Brûlard et Taupin; 5e et 6e chasseurs, 2 pelotons du 1er spahis, 1/2 goum, 2 batteries de 75 (18e du 13e régiment, 17e du 12e), 1 section du génie, ambulance.

Le régiment sénégalais gardera tout d'abord les gîtes d'étapes.

générale, sous les ordres du colonel Diou : tous ces éléments réunis, commandés par le général, ont accompli cette tâche le 29 mars (1). Toutes les forces avaient bivouaqué la veille sur l'oued Ayata. Elles se portèrent, le 29 au matin, sur l'oued Aceila, et firent une grand'halte sur la transversale Souk-Khemis (Littoral, réserve générale), Dar-Si-bou-Azza (Tyrs). L'ennemi vint attaquer les colonnes sur ces positions : un mouvement en avant fut ordonné vers le marabout de Sidi-Aceila et le Mqarto. La cavalerie et le goum précédaient et éclairaient la marche offensive des deux colonnes. Au cours de cette marche, un peloton du 6e chasseurs d'Afrique (lieutenant Sylvestre) se trouva en présence des fantassins ennemis, surgissant brusquement des hautes cultures. Spontanément, un groupe du 1er spahis (lieutenant du Boucheron), se porta au galop au secours de ses camarades. Les deux officiers et quatre cavaliers furent tués. Honneur à ces braves ! Le rôle de découverte et de sûreté qui incombe à la cavalerie l'expose à des risques qu'elle revendique comme un glorieux privilège et qu'elle a toujours joyeusement assumés. De crête en crête, l'ennemi fut refoulé jusque sur l'arrière-pays du Mqarto. Le lendemain, 30 mars, les colonnes s'établissaient sur l'emplacement choisi pour le détachement régional. L'ennemi observait ces mouvements et maintenait son contact avec la colonne du Tyrs, qui lui infligeait de nouvelles pertes, sans en éprouver de son côté. L'établissement du détachement régional, sous les ordres du colonel Branlière, sur les positions qui porteront désormais les noms de « camp du Boucheron » et de « fort Sylvestre » ...consacrera

(1) Pertes du 29 mars : tués, lieutenants Sylvestre et du Boucheron, et 5 soldats; blessés, 10.

l'œuvre de sécurité entreprise par la France dans ces régions. » (Ordre général n° 28.)

La forte garnison (4 bataillons, 1 batterie, 1 escadron, services) laissée aux Mdakras était empruntée aux deux colonnes, et répartie entre : 1° le « Boucheron », établi autour de Dar-el-Ahmar, observatoire de télégraphie optique, poste de mitrailleuses, logement de l'état-major, où le drapeau français flottait le 4 avril ; 2° les deux antennes dites : fort de la Gara (montagne) des Mdakras (rive droite de l'oued Aceila, sur le point où les contingents hostiles se rassemblaient d'ordinaire en armes), et fort Sylvestre (rive gauche), flanqué à droite par l'occupation temporaire de Dar-bou-Azza-ben-Sliman.

Les Mdakras, étonnés de voir les troupes françaises s'implanter au cœur de leur pays, cessent leurs attaques le 1er avril. Le « Boucheron » devait être non seulement un centre d'attraction pacifique, mais encore, au point de vue militaire, une couverture pour notre flanc gauche dans les opérations qui vont suivre.

Détachement de Settat. — Combat de nuit du 8 avril. Combat du 12 avril.

La mahalla hafidienne de Settat, aux ordres du caïd Bou-Azzaouï, tenait son camp à Tallouit. Elle menace Ber-Rechid et les Harriz, dont elle veut entraîner la défection, et sur le territoire desquels elle pousse une pointe, le 5 avril, jusqu'à Zaouïa-el-Mekki.

Le général quitte le 6 avril le « Boucheron » et se porte en une étape à Ber-Rechid et Dar-Hammou. Le 7, dans l'après-midi, les colonnes entrent et défilent dans Settat. Le caïd hafidiste des Mzamza, ayant demandé l'aman, sa ville et sa kasba sont gardées militairement. La mahalla avait décampé pour se porter à quelques kilomètres plus au sud. Dans la nuit du 7 au 8, Bou-Azzaouï, par une marche dérobée, se rapproche et tente un coup de main sur nos bivouacs, formant deux carrés qui croisent leurs feux, au sud de la ville. Grâce aux mesures de sécurité prises, grâce à la discipline des troupes silencieuses, l'attaque poussée aux cris de : « Djihad, Allah m'na ! » (guerre sainte, Dieu avec nous) est repoussée. Des fractions ennemies essayent en vain d'entrer dans Settat. Au point du jour, la poursuite commence, limitée à 10 kilomètres vers le sud, tandis que le passage dans le défilé de Settat est assuré, le général Lyautey devant arriver par là dans la matinée, avec une simple escorte de cavalerie (1).

Les jours suivants, sous la protection des patrouilles de cavalerie soutenues par des grand'gardes, est installé le détachement régional de Settat, aux ordres du lieutenant-colonel Brûlard (1 bataillon du 2e étranger, 1 bataillon du 3e tirailleurs ; 2 sections de mitrailleuses ; 1 batterie de 75 ; 1 escadron de chasseurs, 1 peloton de spahis ; génie, train, ambulance, services). Le secteur de surveillance où évoluera la « colonne mobile des Mzamza » comprend la région de Settat, et au sud de cette ville les troupes et services s'établissent dans les maisons et les souks abandonnés de la ville, protégée vers Marrakech par deux fortins ; celui du sud-ouest prend le nom de fort Loubet.

« L'échec sanglant éprouvé par la mahalla dans l'attaque de nuit n'avait pas suffi à la chasser de la

---

(1) Pertes du 8 avril : dans l'attaque de nuit, capitaine Loubet, du 2e tirailleurs, tué, 4 blessés; durant la poursuite, 5 blessés.

Chaouïa. Sa présence éloignait de nous les soumissions, en même temps qu'elle constituait pour les tribus déjà soumises une raison d'alarme constante. » (Général d'Amade, ordre 34.) Il fallait en finir avec ce « ferment d'insécurité », autour duquel se groupaient les cavaliers de Sidi-ben-Daoud, des Ouled-bou-Ziri et quelques fractions des Ouled-Saïd. Le 12 avril, avec une colonne légère, le général quitte le camp, à 10 heures du matin, parcourt le plateau de Dar-Bahloul, de Tallaouit (en ruines), et refoule les Marocains. Il parvient jusqu'à Kasba-Témacin, à quelques kilomètres de l'oued Rbia, à 35 kilomètres de Settat et canonne les jardins et alentours de Dar-Tounsa, dernier lieu de campement de la mahalla. Les troupes rentraient au bivouac dans la nuit du 12 au 13, vers 3 heures du matin.

Cette opération obligeait Moulay-Hafid à faire repasser sur la rive gauche de l'oued le gros de ses forces disloquées. Bou-Azzaouï se réfugiait aux Beni-Meskin. Les Rehamna et les Sraghma rentraient chez eux. Les Ben-Daoud commençaient à se soumettre.

Affaiblies par les prélèvements de troupes précédents, les colonnes du Littoral et du Tyrs sont réorganisées en deux brigades de marche, qui ont pour chefs, la première, le colonel Boutegourd, la deuxième, le colonel Moinier (1).

---

(1) Composition des brigades : 1re, colonel Boutegourd, commandant; 3 compagnies du 1er zouaves, 2 compagnies du 3e tirailleurs, 2 du 4e tirailleurs, 2 sections de mitrailleuses, 1 batterie de 75, 1 escadron du 3e chasseurs, 2 pelotons de spahis, goum de Biskra, batterie de montagne, génie, train, ambulance; 2e brigade, colonel Moinier, commandant; 2 bataillons du 2e tirailleurs, 1 escadron du 3e chasseurs; goum de Djelfa, 1 batterie de 75, génie, train, ambulance.

Détachement régional des Ouled-Saïd.

A la Kasbah-Ayachi, où les deux brigades se portent le 16 avril, est laissé un petit détachement, sous les ordres du chef d'escadrons Haillot : ce sera le centre administratif des Ouled-Saïd, fermant une des routes du territoire des Ouled-bou-Ziri.

Pour décider la soumission de ces derniers et compléter celle des Ben-Daoud, les troupes parcourent la région riche en sources de Kasba-Khemisset. Le caïd est parti, mais nombre d'habitants, remarquables par la beauté de leur type, sont demeurés. Le camp est établi aux ruines de Tallaouit, au pied du marabout de Ali-ben-Karkouba, qui domine le pays. Les Ben-Daoud, en grand nombre, viennent au camp français. Les Ouled Bou-Ziri à l'exception de la fraction qui avoisine l'oued Rbia, devaient, le 11 mai, demander l'aman au chef de la colonne des Mzamza.

Détachement régional des Achach. — Combat de l'oued Mzabern (24 avril).

Les 21 et 22 avril, les brigades, repartant de Settat, traversent le plateau accidenté des Mlal, pays soumis, et passent par « Ras-el-Aïn », non loin de Dar-ben-Bahloul et de Kasba-Khamlichi. Pendant ce temps, Moulay-Hafid suit une marche parallèle à la nôtre, en longeant les confins de la Chaouïa.

Arrivé le 22 à Ben-Ahmed, le général pousse, le 24 avril, une reconnaissance vers l'est, sur Dar-Fkek, (ruines de la kasba des Aarif, anciennement Tamesma) et Dar-Cherki. Les Achach, protégeant la fuite de leurs troupeaux, sont refoulés jusqu'à l'oued

Mzabern, auprès de la kasba Zeroûil (1), où Hafid, dit-on, a campé quelques jours auparavant.

Le résultat de cette marche était triple : « 1° l'ennemi a été rejeté de l'autre côté de l'oued Mzabern, l'artillerie a retenti dans les ravins jusqu'à Sokrat-Djedja et l'extrême limite de la Chaouïa ; 2° les populations soumises ont été confirmées dans leurs sentiments favorables, plusieurs caïds ont fait leur soumission sur le champ de bataille même. Enfin, les fractions hostiles (achach, mhamed, mrah) se sont présentées à nos bivouacs pour demander l'aman ; 3° la topographie de la région a été reconnue. » (Général d'Amade.)

En même temps, des renseignements précis sont recueillis sur la marche de Hafid, qui, avec un millier d'hommes, se porte vers le nord-est, par Sokrat-Djedja (territoire achach, mhamed) et Aïn-Maza (Khiran).

Après une reconnaissance au Mqarto (Aïn-Meryem), combinée avec le « Boucheron » le 28 avril, est organisé le détachement régional des Achach (lieutenant-colonel Halna du Fretay), assurant la liaison de Settat et du détachement des Mdakras.

Le 1er mai, une reconnaissance dans la zone montagneuse au nord-est de Ben-Ahmed (Dar-Regada) a lieu sans incidents. Mais, le 4 mai, la deuxième brigade, étant allée au Mqarto pour établir au sommet de ce piton un signal géodésique, est attaquée par les Mdakras, qui essayent d'inquiéter le retour au bivouac.

---

(1) Pertes du 24 avril : 5 blessés.

Réorganisation des forces.

En vue d'opérations dans la région montagneuse à l'est du Boucheron, les troupes sont réparties en trois petites brigades, comprenant chacune une section d'artillerie de montagne, et placées sous les ordres des colonels : Boutegourd, Moinier, Branlière ; ce dernier reste au camp du Boucheron qui — curieuse coïncidence — a été attaqué dans la nuit du 7 au 8 avril et a été privé durant quelques jours de communications avec Ber-Rechid (brouillard et arrestation des convois). Une 4ᵉ brigade, sans quartier général, comprend les troupes non embrigadées (goum, détachement de sortie de Settat — 3 compagnies, 1 section de 75 — 1 section de munitions, ambulance, convoi).

Opérations dans la région des Mdakras. — Combats de l'oued Atteuch (11 *mai*), *de l'oued Dahlia* (16 *mai*).

Tandis que les notables du pays au sud de Settat (Fatimi, Rehamini, Messaoud-ben-Tounsa et Cherkaoui, des Ouled-bou-Ziri) faisaient leur soumission, les Mdakras, soutenus par les Zaïan, et soumis à des influences hostiles à notre action, ne déposaient pas les armes. Depuis la création du « Boucheron », le général avait vainement attendu : « Aucun mouvement généreux n'a répondu à nos avances : accueil à notre camp des notables mdakras, qui donnèrent toutes assurances de soumission, soins prodigués dans nos infirmeries aux malades et aux blessés des tribus, pardon et aman, respect des biens et des personnes de ceux qui réintégraient leurs domaines et venaient se placer sous la protection de nos armes...

Les notables (entre autres : Mohammed-bel-Larbi, Hadj-bel-Hadj-Medkhori) sont allés rejoindre Moulay-Hafid. Nos avant-postes du Boucheron ont été attaqués et nos convois inquiétés. Enfin, non contents de ne pas repeupler leurs douars et de faire le vide autour du poste, nos ennemis, par l'intimidation et la violence, retiennent loin de leurs cultures les fractions disposées à se joindre à nous. Patienter plus longtemps eût été, en face des dissidents, un aveu d'impuissance. » (Général d'Amade, compte rendu et ordre n° 57.)

Dérobant sa marche aux vues des Mdakras, en suivant le fond de la vallée de l'oued Mils, le général campe le 8 mai à Sidi-Daoud et Sidi-Abd-el-Kerim. La chaleur lourde occasionna durant cette journée de grosses fatigues et fit des victimes. Le 9 mai, les brigades étaient au Boucheron.

Le 11 mai, les troupes, divisées en deux colonnes (1re et 2e brigade à gauche, sous le commandement du général, 3e brigade à droite, avec le colonel Branlière) franchissent l'oued Fekkak, limite du pays de culture et de la brousse, en aval du Sokrat-Hallouf. L'oued Atteuch est passé en combattant. Les troupes couronnent le Soktar-Abbou. Par mesure de répression, quelques ares de moissons sont livrés aux flammes (1). Au retour, est créé aux Cinq-Oliviers, afin de dominer et surveiller la vallée de l'oued Fekkak, le poste annexe, appelé Fort-Youlas (en souvenir du gradé indigène Youlas-Belkassem, tué à l'ennemi).

Le 12 mai, une reconnaissance remonte sans combat les deux rives de l'oued Fekkak, jusqu'au Mqarto.

Le 15 mai, les troupes, partant à la tombée de la nuit, viennent camper sur les bords de la rivière,

(1) Pertes du 11 mai : 2 tués, 6 blessés.

qu'elles franchissent le lendemain avant le point du jour. La région au sud de l'oued Atteuch, vers le marabout de Sidi-Khammel, est parcourue. La 2e brigade en tête, éclairée par le goum, flanquée à droite par la 1re, à gauche par la 3e, poursuit l'ennemi au delà du plateau de Berrighit et le rejette chez les Zaër. Des troupeaux, des tentes, des munitions d'infanterie et d'artillerie, la selle du lieutenant Ricard, tué à Dar-Ksibat, tombent entre nos mains (1).

Voici en quels termes le général d'Amade relate ces dernières opérations : « Confiant dans la valeur et l'entraînement des troupes, le général a donné ordre aux trois brigades... de franchir l'oued Mzabern et de pénétrer dans l'arrière-pays mdakra, à travers la région montagneuse, boisée, réputée jusqu'alors inaccessible à nos troupes. Les opérations eurent lieu les 11 et 16 mai. Les trois brigades s'avancèrent sur un front de 8 kilomètres, bien soudées les unes aux autres, ayant égrené au sommet des pics des postes qui assuraient la protection des flancs et interdisaient à l'ennemi toute incursion dans la zone de manœuvre. Infanterie et goum escaladant de concert tous les rochers, artillerie hissée sur les positions dominantes, arabas et voitures légères pour blessés poussées à bras sur les pistes muletières, tels ont été les efforts produits. Partout l'ennemi débordé et refoulé des crêtes où il tentait de nous contenir, partout rejeté en désordre et semant les pistes de ses bagages et de ses troupeaux : tel a été le résultat obtenu. Les colonnes ayant franchi successivement l'oued Mzabern, l'oued El-Atteuch, l'oued Dahlia, et balayé tout le massif, se sont arrêtées en face des montagnes des Ourdigha et

(1) Pertes du 16 mai : 4 tués, 22 blessés.

des Zaër, tribus extérieures à la Chaouïa et par conséquent interdites à notre action... »

L'effet moral de ces dernières opérations fut considérable. Désormais, les Mdakras ne se sentiront plus dans leurs montagnes en sûreté contre nos coups. Surveillés par les incessantes reconnaissances du Boucheron, quittés par les Zaïan, ils viendront à composition et les dernières fractions hostiles se soumettront dans les premiers jours de juin. La plaine se repeuplera, partiellement garantie des rôdeurs par le poste d'étapes de récente création de Dar-Miloudi. Un poste annexe du Boucheron est établi, à 3 kilomètres au nord de la Gara-Mdakras, sous le nom de fort Rumeau (en souvenir du maréchal des logis tué au cours d'une reconnaissance) (1).

Détachement régional des Ziaïda.

Les brigades Boutegourd et Moinier quittent le Boucheron, le 19 mai, et campent à Aïn-Mkoun ; le 20, elles sont à Ber-Rebah ; elles arrivent le 21 à Sidi-ben-Sliman, centre des Ziaïda, dont quelques fractions sont encore rebelles.

Le 23 mai, une reconnaissance est dirigée sur la Zaouïa de Sidi-ben-Omar, à 25 kilomètres au sud de Ben-Sliman.

L'approvisionnement des colonnes opérant dans la région devait se faire jusqu'à ce jour par Bou-Znika. Le général fait commencer la construction d'une route directe de Ben-Sliman à l'embouchure du Neffifik, sur lequel un pont doit être jeté.

---

(1) Plus tard devaient être créés : le poste annexe de Mool-Tala, au nord du fort Youlas, et le fortin du 8 mars, sur la croupe descendant du Mqarto.

Dar-ben-Sliman était restitué à son propriétaire soumis.

Le 26 mai, un détachement de tirailleurs sénégalais va occuper Aïn-oum-Kennabech, sur la rive droite de l'oued Mellah. Là est créé le poste annexe, appelé Fort-Gurgens (en mémoire du légionnaire du même nom tué à l'ennemi), et destiné à boucher l'intervalle entre le « Boucheron » et le détachement régional des Ziaïda, installé à Sidi-ben-Sliman sous la dénomination de camp Pol-Boulhaut (lieutenant tué à Ber-Rebah, le 17 février). Il y a, en effet, vers Souk-el-Tnin, un passage très fréquenté par les coureurs qui descendent de la montagne et de la forêt dans la plaine.

Le détachement des Ziaïda, aux ordres du lieutenant-colonel Michard, comprend : 1 bataillon de sénégalais, 1 compagnie de tirailleurs algériens, 2 sections de 80 de montagne, 1 section du génie et services. Le poste de Bou-Znika ne sera plus désormais qu'un simple relais sur la route de Rabat.

Le 29 mai, une pointe vers l'est, à travers la forêt des Ziaïda, menait nos troupes sur l'oued Cherrat, près du Djebel-Kedia, avec avant-garde à Mechra-Kefnaza. Partout les douars étaient réoccupés, le meilleur accueil était fait à nos troupes, les caïds des Arab (famille zaër) venaient faire acte d'hommage. Le secours donné aux indigènes ziaïda, par les soldats français, dans l'extinction d'un incendie de récoltes, devait encore resserrer ici les liens d'amitié et de confiance.

Les zouaves rentraient à Casablanca, le 6e régiment de marche devant momentanément assurer la garde de la base. Au bataillon du 1er zouaves, quittant les colonnes mobiles, le général adressait ces mots : « Le bataillon du 1er zouaves a fait partie de toutes les opérations dans la Chaouïa, de même que la légion. Comme cette dernière troupe d'élite, le bataillon du

1er zouaves a toujours joué un rôle glorieux, digne de ses traditions. »

Retour des brigades à Casablanca.

Par la nouvelle route terminée, représentant 5.000 journées de travail, les brigades Boutegourd et Moinier se dirigeaient sur Casablanca. « Votre retour, écrivait au général d'Amade l'amiral Philibert, dans son ordre d'adieu aux troupes débarquées, n'a été qu'une marche triomphale à travers les populations revenues qui vous recevaient comme un bienfaiteur. » Sur l'oued Neffifik, où la colonne fait séjour les 4 et 5 juin, les caïds qui nous avaient combattu à Ber-Rebah, quatre mois auparavant, viennent saluer le général et lui faire escorte, en lui disant : « Nous sommes profondément reconnaissants à la France et à ses troupes ; c'est grâce à elles que nous avons pu récolter nos moissons. »

Le 7 juin, les deux brigades mobiles rentraient à Casablanca. L'amiral Philibert, quittant le Maroc, était remplacé à la tête de la force navale par le contre-amiral Berryer, et passait avant son départ la revue du corps de débarquement. Le général, ayant défilé au galop en tête du goum algérien qui allait être rapatrié, saluait en ces termes ces dévoués auxiliaires : « Toujours exposés aux premières et aux dernières balles, les goumiers ont toujours couvert nos colonnes avec la même hardiesse et la même intrépidité, alors même que le terrain semblait le moins propice aux rapides évolutions de la cavalerie. Plusieurs d'entre eux sont tombés sous les balles marocaines. La France et leurs camarades de combat en conserveront la glorieuse mémoire. D'autres, et très nombreux, atteints moins grièvement par le feu de l'ennemi, ont continué à lutter jusqu'à ce que leurs forces les trahissent, et, à peine remis, ont rejoint leur peloton. Et je veux citer aussi tous les autres qui, non moins braves, ont été épargnés par le destin des combats : leur belle attitude à la revue d'hier a prouvé que trois mois de dure campagne n'avaient rien émoussé de leur fougue guerrière et de l'entrain de leurs vaillantes montures. »

Réorganisation des forces.

Le corps de débarquement était réorganisé le 31 mai (ordre n° 58). Sous le haut commandement du général d'Amade, les troupes comprenaient désormais des « forces mobiles » et des « forces stationnées ». Les premières se composaient de la section mobile de l'état-major (dont le chef était le colonel Malagutti) et des deux brigades Boutegourd et Moinier. Les forces stationnées comprenaient : la section fixe de l'état-major (lieutenant-colonel Frisch), les services, les troupes gardant : 1° la base (Casablanca) ; 2° les gîtes d'étapes (Médiouna, Ber-Rechid, Dar-Miloudi, Fédhala, Bou-Znika) ; 3° les postes de la périphérie (camp Boulhaut, camp du Boucheron, Kasba ben-Ahmed, Settat, Kasba des Ouled-Saïd) et leurs annexes.

Création du poste de Sidi-bou-Beker.

La pacification, en juin, est en voie d'achèvement, les grandes opérations militaires finies (ordre n° 55, du 27 mai. *Historique des opérations*). Seul le côté d'Azemmour restait dégarni de troupes. Cette ville était un foyer de propagande xénophobe, d'intrigues hafidistes dirigées contre la France, et un centre de contrebande de guerre. Nos communications terrestres avec Mazagan, siège d'un consulat français, n'étaient pas assurées. Enfin, il ne fallait pas oublier que des gens d'Azemmour, pénétrant en Chaouïa, avaient assassiné le caïd des Chiedmas, coupable de s'être soumis aux autorités militaires.

La 1re brigade était partie le 22 juin sur Fédhala, afin de desserrer les bivouacs. Avec la brigade Moinier, le général marche le 28 juin vers l'ouest. Devant l'attitude hostile des hafidiens d'Azemmour, qui ont arrêté un émissaire envoyé à Mazagan, fermé les portes, enlevé tous les moyens de franchissement de l'oued Rbia, le général pose un ultimatum ; les gens d'Hafid se hâtent de quitter la ville qui s'ouvre devant nos troupes. Les relations avec Mazagan sont rétablies. Avant d'évacuer Azemmour, où les notables et une population assoiffée de tranquillité le sollicitaient de demeurer, le général procède à l'installation de la police marocaine, crée une police urbaine et une « djemaa » des représentants des divers quartiers de la ville.

Sur les hauteurs de la rive droite, à 6 kilomètres de la rivière, est fondé le camp de Sidi-bou-Beker, avec l'annexe de Sidi-Ali, au bord du fleuve.

Liaison des détachements régionaux.

« A la périphérie, sur le balcon de la Chaouïa, et aussi dans l'intérieur, le long de nos lignes de communications, doublées de lignes télégraphiques, jalonnées de gîtes d'étapes et de magasins, règne une grande circulation militaire : c'est l'ordre et la force qui passent. »

L'activité heureuse et féconde des chefs des détachements régionaux (colonel Branlière, lieutenants-colonels Brûlard, Michard, du Fretay, commandant Haillot, cités dans l'ordre n° 68), la diplomatie des officiers du service des renseignements, l'exemple donné aux Marocains par les musulmans au service de la France, amenaient les meilleurs résultats. Ici, les Ouled-Fares se soumettent (3 juin) au chef du D. R. A., arrivé à Dar-Ould-Toumi. Au D. R. Z. (1), le marabout qui prêchait la guerre sainte disparaît. La colonne mobile des Mzamza (C. M. M.) pousse une pointe audacieuse jusqu'à Mechra-Chaïr, sans un coup de fusil, bien traitée partout, et explore le cours de l'oued Oum-Rbia. Les troupes de Settat et de Ber-Rechid visitent la région des Chtoukas et des Chiedmas, sans rencontrer d'hostilité... Dans tous les postes les travaux et les reconnaissances se poursuivent, multipliant les contacts entre les troupes et les populations désormais paisibles et accueillantes, créant partout la confiance et la paix.

Plus tard, combinant leur action entre eux et avec les forces mobiles, les détachements régionaux rétabliront l'ordre troublé en août aux Ouled-Fares et aux environs de Ben-Ahmed par les agitateurs hafidistes. La présence de la C. M. M. évitera en fin août des troubles graves, à la chute d'Abd-el-Aziz. L'arrivée inopinée du colonel Michard dans la région des Fédalatti engagera les récalcitrants à payer l'impôt. L'apparition soudaine aux Zian, le 9 septembre, de détachements venant en même temps de Casablanca, du camp Boulhaut, du Boucheron, de Médiouna, de Ber-Rechid, donnera une prompte sanction à l'agression dirigée contre le caïd visitant ses douars. Le

(1) Par abréviation, les détachements régionaux étaient couramment désignés par leurs initiales.

29 septembre, c'est la poursuite jusqu'à Mdeinat des gens qui venaient de voler un troupeau aux Ziaïda.

L'ordre et la sécurité sont enfin instaurés en Chaouïa. Après l'action par les armes, viendra l'organisation des territoires occupés ; après l'emploi de la force, le corps de débarquement va s'employer à faire refleurir le pays au point de vue matériel, et à mettre en confiance le vaincu par cette administration ferme et juste, si particulièrement appréciée des gens d'Islam : « La tâche d'un soldat n'est jamais finie. » (Général d'Amade.)

Coup d'œil en arrière.

Plus d'une année de lutte vient de s'écouler. Résumons-en les efforts de toute nature.

Ouvrier de la première heure, le général Drude dégage la poignée de marins qui depuis deux jours et trois nuits défendaient héroïquement les consulats de Casablanca. Il repousse des assauts multipliés, brise les premières résistances, négocie, reçoit les premières soumissions, organise à fond la base de notre pénétration en Chaouïa, inaugure une période nouvelle en occupant définitivement Médiouna : « Permettez-moi, disait M. Pichon, ministre des affaires étrangères, à la tribune de la Chambre, le 27 janvier 1908, de rendre ici hommage à l'endurance, à la conscience, à la discipline avec lesquelles, pendant six mois, le général Drude a rempli sa difficile mission. Il a laissé à son successeur Casablanca tranquille et fortifié, à l'abri de toute espèce de surprise, avec des services d'hygiène et d'assistance (infirmeries indigènes, services antipaludiques et ophtalmiques) remarquablement installés, des troupes aguerries et disciplinées... » Le général Drude avait jeté sur la terre marocaine les semences des futurs succès décisifs et de l'état de choses à venir.

Vient le général d'Amade. Le nouveau commandant du corps de débarquement, « dans la première phase de ses opérations, de janvier à mars, s'attache à briser les résistances qu'il rencontre dans la Chaouïa. Il put atteindre ce but grâce à la mobilité et à l'endurance des troupes placées sous ses ordres, et il réussit à donner à son adversaire l'idée que, malgré leur effectif restreint, malgré l'étendue du théâtre des opérations, les troupes françaises étaient partout à la fois, et que, partout où elles étaient, l'ordre et la sécurité devaient renaître.

» Dans la deuxième phase, terminée en juin, le général d'Amade voulut confirmer sa première œuvre et prendre contre les fauteurs de troubles des assurances pour l'avenir. Les détachements régionaux ont permis de donner à notre action de la constance et de la fixité.

» ... Si l'ordre et la force passent, c'est la tranquillité qui reste...

» Derrière cette ligne de postes, au centre du réseau, les deux belles brigades des colonels Boutegourd et Moinier, puissante réserve de force mobile, ont le droit de regarder avec satisfaction l'œuvre accomplie. » (Général d'Amade, ordre n° 55. *Historique des opérations.*) (1).

---

(1) Ce n'est pas seulement dans le domaine des opérations militaires et en matière d'organisation, que s'est appliquée en Chaouïa l'activité du général d'Amade : ne perdant de vue aucun des détails pouvant assurer le succès et désirant obtenir au corps de débarquement l'unité de doctrine chez des troupes si diverses, il a fait codifier les règles de la guerre en Afrique en un « Guide-Annexe du règlement », rédigé par un officier de son état-major.

V

Commencement du rapatriement des troupes débarquées. — Organisation des goums marocains.

La question de l'évacuation.

La Chaouïa était isolée et délivrée des excitations du dehors par une ceinture de postes. Les assassins et les pillards de juillet 1907 étaient prisonniers. La police mixte était créée dans le port. L'ordre régnait à l'intérieur. La France pouvait considérer son mandat comme terminé.

Déjà, avant d'entrer à Médiouna, et après des opérations de petite envergure, M. Regnault, ministre de France au Maroc, avait discuté sur la remise de Casablanca et de sa banlieue aux autorités chérifiennes, et le gouvernement avait décidé de mettre fin à une occupation, non pas systématique, mais accidentelle dans l'ensemble de la politique marocaine actuelle.

« En occupant la kasba Médiouna, avions-nous uniquement pour but de châtier les tribus et de pacifier la Chaouïa ? Non, nous avions aussi la préoccupation qui ne nous a jamais abandonnés, de rendre possible la substitution des mahallas chérifiennes aux troupes françaises, et de faciliter ainsi l'évacuation de Casablanca... Cette idée a fait l'objet de négociations constantes : nous n'avons assumé à Casablanca qu'une responsabilité nécessaire, mais temporaire, et nous n'entendons nullement la conserver indéfiniment. Ce n'est ni pour nous établir sur la côte du Maroc, ni pour pénétrer dans l'intérieur du pays que nous avons pris les mesures militaires qui ont été la conséquence des assassinats de juillet 1907. C'est pour y remplir nos devoirs envers nous-mêmes et vis-à-vis de l'Europe, avec la résolution d'en laisser la charge au gouvernement marocain, aussitôt qu'il sera en mesure de la remplir. » (M. St. Pichon, discours du 27 janvier 1908. Chambre des députés.)

Retirer nos troupes, aussitôt finies les opérations et l'amende payée, c'était rendre à l'anarchie un pays encore désorganisé, où notre présence maintenait le calme ; c'était exposer les Européens à de nouveaux attentats ; c'était perdre un prestige chèrement acquis vis-à-vis d'indigènes travaillés par des meneurs hostiles à notre influence : à leurs yeux, l'évacuation de la Chaouïa eût été faite sur les injonctions d'une puissance rivale de la France.

Il y avait une période de transition difficile, pendant laquelle « il était nécessaire d'introduire des contingents marocains dans les troupes européennes chargées d'organiser la police, d'entrer en relations avec les tribus, d'augmenter le nombre des agents du service des renseignements, d'avoir une connaissance exacte des éléments composant les tribus ». (M. Deschanel.)

Les instructions adressées, le 19 mai, au général Lyautey et au général d'Amade, précisaient en conséquence la volonté du gouvernement de conserver à l'occupation son caractère provisoire, en la limitant aux aménagements indispensables. Elles rappelaient que la première partie de la tâche était la réduction des résistances, et la dernière, l'établissement de la sécurité par les pouvoirs locaux. Elles prescrivaient la constitution de goums indigènes, tout d'abord auxiliaires de nos troupes, associés à leurs déplacements, installés ensuite, au fur et à mesure des possibilités, dans les postes de la périphérie. Communiquées à Berlin par M. Cambon, ces instructions produisirent un excellent effet, propre à calmer les appréhensions manifestées par la presse germanique.

Avant les vacances des Chambres était donc adopté un projet de retrait par échelons des forces débarquées et d'organisation parallèle de troupes marocaines, qui permettraient la remise progressive de la Chaouïa au Maghzen, en commençant par la périphérie.

Premiers rapatriements.

En fin juillet 1908, l'état politique du pays rendait disponible le 1er régiment de marche (lieutenant-colonel Passard : 1er étranger, commandant d'Estaules ; 1er tirailleurs, commandant Bousquier), débarqué à Casablanca dès le début des troubles (7-10 août 1907). « Ces dates et les noms des chefs disent assez quelle part ce régiment a prise aux opérations. » La section de mitrailleuses Boyre, du 2e zouaves, la « bonne camarade de combat, ayant partout réussi à garder sa place sur la ligne de bataille, perçant sa trouée comme une vrille », suivait le sort du régiment auquel elle était rattachée.

Le 1er août, le 1er tirailleurs s'embarquait sur la *Gironde*, à destination d'Alger ; le 2 août, sur le *Vinh-Long*, en partance pour Oran, prenaient place : le 1er étranger, la mitrailleuse Boyre, et les dames de la Croix-Rouge, qui avaient si bien mérité par leurs veilles au chevet des blessés et des fiévreux « le baiser du petit soldat ».

Aux troupes qui quittaient Casablanca, le général

rappelait cette tactique « enfantine » — simple au premier abord, mais combien difficile dans l'application — qui avait permis la soumission du pays : « Porter partout à la périphérie des coups rapides, déconcertants, parce que désordonnés en apparence ; ne nous fixer nulle part, afin de garder notre ubiquité, sans avoir le souci de ravitailler et de défendre des postes ; faire gaspiller à l'ennemi ses hommes, ses chevaux, ses munitions, en plaine, à découvert, sous la longue portée de nos pièces ; en dernier lieu seulement, aborder ses montagnes et ses forêts. » (Ordres 75 et 76.)

Ce rapatriement avait été précédé par le départ du plus gros des troupes espagnoles — qui ne laissaient à Casablanca qu'une compagnie du 69e d'infanterie — : leur chef, le colonel Bernal, devait rentrer en août dans son pays.

Les soldats libérables (appelés) étaient renvoyés dans le courant du mois d'août, sans être remplacés dans les corps à rapatrier bientôt.

La première brigade était dissoute et ses éléments restants rentraient à la base.

Départ du premier échelon d'Algérie.

Sur ordre ministériel du 21 septembre, étaient concentrées à Casablanca, pour être rapatriées dans les premiers jours d'octobre, les troupes suivantes : le bataillon du 1er zouaves, avec une section de mitrailleuses ; le 4e escadron du 3e chasseurs d'Afrique, avec une section de mitrailleuses galopante ; la 17e batterie du 12e régiment d'artillerie, avec une section de montagne ; la compagnie du génie 26/4.

« Bientôt, leur disait le commandant du corps de débarquement (ordre n° 92), lorsque vous serez au large, dans une dernière pensée pour vos camarades et pour votre général, vous vous retournerez vers Casablanca. Alors, entre le rouge flamboyant du ciel et l'azur profond de la mer, Casablanca vous montrera pour la dernière fois sa blancheur éclatante : cette vision tricolore, c'est le drapeau de la France, que vous avez étendu sur le Maroc. »

Le rapatriement du premier échelon d'Algérie coïncidait avec la promotion au grade supérieur du général d'Amade, nommé commandeur de la Légion d'honneur, à l'occasion du 14 juillet.

Forces restant en Chaouïa au 1er janvier 1909.

Le retrait par échelons devait se poursuivre régulièrement ; en même temps, les munitions des postes étaient réintégrées à la base.

Successivement étaient rapatriés, dans le dernier trimestre 1908 : le goum Charlet (13 octobre) (1) ; le 4e bataillon du 2e étranger (29) ; le 5e bataillon du 3e tirailleurs algériens (31) ; le 3e bataillon du 4e tirailleurs (4 novembre), l'escadron du 5e chasseurs d'Afrique et sa mitrailleuse.

Le corps de débarquement, dont le général d'Amade devait passer le commandement au général Moinier, en février 1909, comprenait au début de l'année :

Infanterie : 4 régiments de marche : 1er régiment, lieutenant-colonel Gross (2e étranger, 4e zouaves) ; 2e régiment, lieutenant-colonel Delbousquet (2 batail-

---

(1) « Les Marocains se sont rendu compte de la solidité des liens qui nous unissent à nos loyaux auxiliaires d'Algérie, liens toujours prêts à s'affirmer en toute circonstance de paix ou de guerre, et qui ne reposent pas seulement sur une communauté d'intérêts, mais plus solidement encore sur une confiance et une estime mutuelles. » (Ordre général n° 97.)

lons du 2e tirailleurs) ; 3e régiment, lieutenant-colonel Taupin (3e et 4e tirailleurs) ; 4e régiment, lieutenant-colonel Michard (2 bataillons sénégalais).

Cavalerie : lieutenant-colonel des Moustiers-Mérinville (1 régiment à 5 escadrons, 1er, 3e, 6e chasseurs, 1er et 3e spahis).

Artillerie : commandant Massenet : 1 groupe de 3 batteries de 75 (15/12, 17/13 et 18/13) et 2 sections de montagne.

Génie : 2 compagnies (26/1 et 26/2).

Organisation des goums marocains.

Un embryon de goum marocain avait déjà été constitué dès janvier 1908. Nous avions vu ensuite des fractions harriz accompagner nos colonnes, les Mzab joindre en mars leur action à la nôtre pour défendre leur territoire contre les Mdakras. Le grand nombre de Chaouïas enrôlés dans les « tabors » de la police mixte, l'empressement des gens des tribus à servir sous les ordres de nos officiers du service des renseignements, comme cavaliers mokhrazni (cavaliers de bureaux arabes) ou comme goumiers auxiliaires (en exécution des instructions du 19 mai) faisaient prévoir une facile organisation des forces indigènes.

Un premier goum chaouïa constitué prit part à la tournée exécutée dans le pays, au mois d'octobre, par le colonel Moinier.

L'ordre n° 100, du 1er novembre 1908, arrêtait l'organisation, le recrutement, les cadres, l'effectif, l'administration, le mode d'avancement des goums. Au nombre de 6, encadrés par des gradés français et algériens, leur recrutement fait dans la tribu même dont ils devaient garantir la sécurité, ces goums étaient placés sous le commandement du chef de bataillon Cuinet, chef du service des renseignements. Ils étaient ainsi répartis :

Goum n° 1, à Sidi-Bou-Beker, recrutement : Chiedmas, Chtoukas.

Goum n° 2, à Kasba des Ouled-Saïd, recrutement : Ouled-Saïd.

Goum n° 3, à Settat, recrutement : Mzamza, Ouled Bou-Ziri, Sidi-ben-Daoud.

Goum n° 4, à Kasbah Ben-Ahmed, recrutement : Mzab.

Goum n° 5, au camp du Boucheron, recrutement : Mdakras.

Goum n° 6, au camp Pol-Boulhaut, recrutement : Ziaïda.

L'organisation de ces goums (1), auxquels on s'efforçait de conserver leur autonomie et leurs coutumes traditionnelles, allait permettre une nouvelle diminution d'effectif du corps de débarquement, et le reflux ultérieur des forces françaises sur la base et les postes côtiers.

---

(1) Organisation d'un goum : effectif, 150 fantassins, 50 cavaliers; cadres officiers : 1 capitaine commandant, 2 lieutenants d'infanterie, 1 de cavalerie, 1 médecin aide-major, 1 interprète; cadres troupes : pour les goumiers à pied, 1 sergent-major, 2 sergents français, 2 sergents indigènes algériens, 2 caporaux français, 4 caporaux indigènes, 16 tirailleurs; pour les goumiers à cheval, 1 maréchal des logis français, 1 maréchal des logis indigène, 2 brigadiers indigènes, 6 spahis indigènes.

Le commandement de l'ensemble, l'administration et la comptabilité sont centralisés à Casablanca (1 lieutenant et 1 sergent comptables).

Les officiers sont assimilés à ceux des affaires indigènes, avec lesquels ils concourent pour l'avancement.

VI

Le mouvement hafidiste et ses conséquences.

Influence de Moulay-Hafid. — Aperçu de la politique française.

L'histoire de la pacification de la Chaouïa est inséparable des grands événements intérieurs qui se sont déroulés au Maroc en 1907-1908. C'est grâce à l'intervention française qu'ils n'eurent pas, dans la région de Casablanca, le même retentissement que dans le reste du Maghreb.

Moulay-Hafid, intransigeant, fanatique, proclamant partout sa haine des Européens, se posait comme le sauveur du Maroc, en regard d'Abd-el-Aziz, qu'il représentait comme vendu aux infidèles. Au nom de la « Djihad », il levait des hommes et récoltait des subsides. Son influence s'étendait non seulement sur les tribus du sud, qui l'avaient élu sultan de Marrakech, mais encore rayonnait au loin sur toutes les classes de la société par la voix de marabouts obscurs, ou par celle des « tolbas » des Zaouïas. Le Maroc n'a pas d'unité politique, il est foncièrement féodal : ses diverses régions n'obéissent qu'à leurs intérêts du moment ; les termes de « patrie », d' « autorité chérifienne » y sont de vains mots ; mais l'islam, qui relie races et classes, est un levier puissant aux mains des ambitieux.

Au regard de la France et de l'Espagne, mandataires de l'Europe, il ne pouvait y avoir d'autre souverain que celui qui avait apposé sa signature sur l'Acte d'Algésiras et sur les accords antérieurs. Hafid n'était momentanément qu'un rebelle, un « roghi » (prétendant). Son attitude, durant les affaires de Casablanca, devait être une inconnue redoutable dans le problème dont nous poursuivions la solution : rétablir l'ordre.

« Notre sort n'étant pas lié à celui de tel ou tel chérif », la France n'interviendra nullement dans la lutte des deux frères, ni dans les dissensions intestines du Maroc. Sa politique exclut également toute expédition militaire qui nous engagerait dans l'intérieur du pays, tout protectorat, tout ce qui pourrait être interprété comme un protectorat ; il ne faut pas que le maghzen s'attende à ce que nous mettions nos forces à son service, car il nous est impossible d'intervenir entre Abd-el-Aziz et son compétiteur. Tel est le sens général de la note adressée le 21 janvier 1908 par M. Pichon à M. de Saint-Aulaire. Mais si nos diplomates et nos généraux ne prétendent pas imposer au pays un sultan déconsidéré, ils ne sauraient tolérer l'incursion dans la Chaouïa du prétendant ou de ses lieutenants. Si les tribus menacent les Européens ou nos troupes, elles seront châtiées, même se réclamant de Moulay-Hafid.

Si la France a été obligée d'étendre son action militaire jusqu'à l'extrême limite de la Chaouïa, la cause en est aux événements, aux nécessités tactiques, à la solidarité des tribus excitées, trompées même par Hafid. Des documents écrits en témoignent : une lettre d'Hafid aux gens de Marrakech et aux Chaouïas, leur demandant appui, leur notifiant son entrée dans la région à la tête d'une mahalla, afin de marcher sur Rabat, après avoir chassé les Français de la Chaouïa (message dont la teneur fut communiquée à M. Pichon par M. de Saint-Aulaire, le 22 janvier 1908) ; deux lettres de Moulay-Rachid aux Mdakras (7 novembre et 25 décembre) font appel au fanatisme de cette tribu ; la dernière contient ces lignes : « Grâce à vous, les chrétiens seront chassés de la Chaouïa ; vous êtes les véritables descendants du prophète... Vos semblables doivent se consacrer au triomphe de l'islam. Que Dieu vous dirige dans la bonne voie... Coupez les têtes des infidèles pour les envoyer à votre seigneur Moulay-Hafid... »

Battu à Mogador, le prétendant va se rejeter entièrement en Chaouïa.

Sort des mahallas hafidiennes en Chaouïa.

Du 19 octobre 1907 (combat de Taddert) au 12 avril 1908 (Témacin), il est peu de combats où nos troupes n'aient trouvé devant elles des fractions de la mahalla, mêlées aux tribus rebelles et reconnaissables par leur habillement, leurs évolutions, la présence d'artillerie. Nous avons vu comment le général Drude et le général d'Amade pourchassèrent Moulay-Rachid, Amor-Skutani, Bou-Azzaouï.

La maladie et la désertion éclaircissaient les rangs de ces contingents autant que les balles : ils étaient peu ou pas soldés, mal habillés, s'alimentaient par la rapine. De longues semaines, une mahalla resta installée au camp de Méchra-Chaïr, dans la boue, les cadavres d'animaux, les détritus de toute sorte, foyers de typhus, de variole et de choléra : « La mahalla est devenue presque inhabitable depuis trois mois qu'elle est campée là. Les amoncellements de fumier sont devenus tellement considérables que, sous son épaisse couche, la terre a complètement disparu. Les puces et les mouches infestent les tentes. Les mouches surtout rendent la vie insupportable : il est impossible de s'en débarrasser ; le soir seulement on parvient à les chasser des tentes avec des linges, en poussant des cris gutturaux, comme pour les sauterelles ; mais, la nuit, c'est le tour des puces ; et le lendemain les mouches reviendront, plus nombreuses, plus obsédentes que la veille. » (Christian Houelle.) Puces et mouches, fléaux des pays arabes, n'étaient pas l'apanage du seul camp de Moulay-Hafid !

Après le 12 avril.

Après le combat de Dar-Témacin, le prétendant, battu, découragé, éconduit par les puissances, semble abandonner la partie en Chaouïa, où il ne manifestera plus son hostilité les armes à la main.

Avec ce qui lui reste d'hommes, le sultan du Sud veut conquérir le Maroc septentrional, occuper effectivement les capitales de Fez et de Mekinez, y recevoir officiellement l'investiture des « Oulémas ». Franchissant de nouveau l'oued Rbia, à la tête de 600 Haouz, il longe les confins sud-est de la Chaouïa. Il est à Sokrat-Djedja en fin avril, à Aïn-Maza le 1er mai : il a plutôt l'air d'un aventurier ou d'un fugitif que d'un conquérant ; aussi n'est-il pas reconnu par les Beni-Khiran ; il évite le pays smahla, passe par le Tadla, est renforcé par 300 Zaïan que lui envoie Hakka-Hammou, le soutien des Mdakras, et par Kénifra arrive sans encombre à Mekinez, où il fait sans grande pompe son entrée officielle. Bouchta-Bagdadi, lieutenant d'Aziz, n'a pu entraver la marche du prétendant, la tribu des Gherarda, prise entre deux feux, ayant refusé le passage sur son territoire aux troupes chérifiennes.

Une nouvelle mission hafidienne part aussitôt de Safi pour l'Europe. M. Pichon reçoit d'Hafid une lettre où il était dit : « Hafid est monté avec l'aide de Dieu sur le trône de ses ancêtres, et proclamé par toute la population du Maroc. Aujourd'hui, dans la capitale de Mekinez, sur le trône chérifien, il entrera bientôt dans la grande capitale de Fez... Il a vaincu l'armée de son frère Abd-el-Aziz, commandée par le caïd Bagdadi, ce qui consacre son avènement au pouvoir... Nous venons donc renouveler à Votre Excellence le désir de S. M. Moulay-Abd-el-Hafid de vivre en bonne intelligence avec votre grande nation et avec toutes les nations européennes... » Hafid demandait « une entente loyale, de façon à pouvoir faire respecter, avec le concours du gouvernement français, tous les traités existant entre le Maroc et les puissances ».

Quelle garantie de sincérité offrait un homme proclamé sultan à Fez, en janvier, parce qu'il avait souscrit aux conditions suivantes : suppression des droits de portes, des impôts sur les industries, de la police franco-marocaine et des réformes proposées par Aziz : abrogation de l'Acte d'Algésiras ; plus de contrôle des douanes ; pas d'emprunts ; pas d'immixtion des étrangers dans les affaires du maghzen ; défense aux étrangers d'habiter à l'intérieur du Maroc ; relégation au quartier juif des étrangers habitant dans les ports... (d'après un télégramme de M. de Saint-Aulaire).

Agitation à la frontière oranaise.

Or, tandis que Moulay-Hafid faisait des propositions pacifiques et demandait à être reconnu par l'Europe, se déclanchait contre le Sud-Oranais l'attaque depuis longtemps préparée contre nos postes du Béchar.

Les deux versants de l'Atlas étaient travaillés par les émissaires envoyés de Marrakech. Les Berbères du Glaoua, du Zaïan ou des montagnes au nord du Tafilalet, ont été les soutiens de l'hafidisme. Peu à peu, surveillée par Moulay-Lhassen et Moulay-Abbou, la concentration s'opérait à Bou-Denib. L'affaire de Ménabba (avril 1908), suivie de la répression vigoureuse opérée par la colonne Vigy (combats des 13 et 14 mai, à Beni-Ouzien et à Bou-Denib), calma pour quelques mois l'agitation. Mais, en août, une nouvelle « harka », grossie par des contingents disparates et mal armés, devait se concentrer vers Toulal et menacer nos postes de Bou-Denib. Une leçon exemplaire lui fut administrée par le colonel Alix, après l'attaque du poste optique, dans le combat de Djorf (7 septembre) et la poursuite qui succéda à cet engagement.

Les menées hafidiennes au Tafilalet sont indéniables (télégramme du général Bailloud, commandant le XIXe corps, du 6 mai).

Revirement en faveur d'Aziz au Maroc.

Entré à Fez et investi par les « Oulémas », proclamé successivement à El-Ksar (14 juin), à Arzila, aux Andjeras, à Tétouan (18 juin), soutenu par Raissouli dans les tribus du Riff, ailleurs par le roghi qui marche sur Fez, Moulay-Hafid semble près de triompher définitivement. Ses cruautés envers Abd-el-Malek et Bagdadi, qui ont cependant demandé l'aman ; ses exactions envers les particuliers et les tribus, lui suscitent des ennemis. Les tribus voisines de la Chaouïa, sentant loin d'elles le sultan du Sud, font acte d'hommage à Abd-el-Aziz, le caïd Mtougui lui donne son concours ; le port de Safi est repris, Mogador seul restant au prétendant. Aziz est confiant dans son peuple et dans l'Europe, dont il attend l'intervention en sa faveur. Dans une note au corps diplomatique, il appelle l'attention des puissances sur les excitations à la guerre sainte faites par son frère, créant chez les tribus des sentiments de haine susceptibles d'une répercussion dangereuse dans les ports. « Le prétendant actuel, dit-il, incarne la guerre contre la civilisation et le progrès. » Lui, Aziz, a tout fait pour calmer les Chaouïas, s'est rendu à Rabat dès les événements, a repris Mogador et Safi. Les éléments sérieux du nord de l'empire n'ont suivi les émeutiers que pour éviter l'effusion du sang et le pillage.

« Les puissances, poursuit ce document, qui plus d'une fois ont conseillé au maghzen d'introduire des réformes dans son empire, et de faire sortir le peuple des ténèbres de l'ignorance, connaissent les bonnes intentions dont nous sommes animé. Leurs sympathies iront plutôt à la cause du progrès et de la paix qu'à celle de la barbarie et du désordre. Elles ne prêteront aucune attention aux assurances contraires du prétendant, car les actes de celui-ci sont là pour les démentir. »

Expédition d'Abd-el-Aziz sur Marrakech.

Mais la France, comme l'Europe, reste neutre et sourde à ces appels. (Notes de M. Pichon à M. Regnault, en date des 15, 27 et 30 juin. Télégrammes du Ministre de la guerre au général d'Amade du 2 juillet et du 13 août.)

Aziz, maître d'Azemmour, renonce définitivement à son expédition sur Fez ; conseillé par le marabout de Bou-Djad, il part de Rbat le 15 juillet pour reconquérir Marrakech, en profitant de l'impopularité croissante de Moulay-Hafid.

Sa mahalla a été réorganisée par la mission militaire française qui, liée par son contrat, accompagnera le sultan (1). Les Zaer, Zemmour, Khiran ont envoyé des contingents ; les Chaouïas, acceptant l'autorité du sultan légitime, quelques tribus du Haouz : Rehamna, Sraghna, Demnat, Doukhala, rejoindront sur l'oued Rbia, tandis que Mtougui marchera de son côté vers Marrakech.

Non seulement les troupes françaises de Casablanca ne participeront pas à l'expédition, mais encore : 1° le sultan passera hors des limites de la Chaouïa ; 2° le général d'Amade, fidèle à sa consigne, s'abstient d'aller à Sokrat-Djedja, où Abd-el-Aziz caressait l'espoir de s'entretenir avec le chef des forces françaises.

Aziz, venu par Kasba Tmara, Sidi-Yahia, Aïn-Fouzer (17 juillet), arrive le 23 à Sokrat-Djedja, à Bakora le 27, à Dar-Ould-Toumi le 29 ; il s'assure les passages de l'oued Rbia aux gués de Chaïr et d'Aïn-Khalifa, et franchit la rivière le 8 août ; les populations des environs de Marrakech, craignant des représailles, se prononcent en grande partie en sa faveur.

Hafid a confié au caïd Glaouï la défense de Marrakech. Il essaye de soulever la Chaouïa. Des émissaires sont envoyés par lui à Ben-Ahmed, à Settat : des lignes télégraphiques sont coupées, des postes avancés reçoivent des coups de feu, les Ouled Fares montrent des sentiments hostiles. Les tribus voisines de la Chaouïa sont travaillées, mais sans succès.

Aziz parvient le 10 août à El-Klaa ; il perd son temps à razzier les fractions dissidentes, tandis que

(1) La mission comprenait : le commandant Farriau, le capitaine Rondenay, le lieutenant Maréchal, une partie des officiers et cadres algériens instructeurs, un médecin anglais.

Mtougui, victorieux, arrive sous les murs de Marrakech. Mais attaqué le 19 août, au point du jour, à El-Adjiba, par les hafidiens, trahi par les Chaouïas et les Sraghna, Aziz fut emporté dans la panique qui dispersa la mahalla, dont les éléments désemparés, dans un sauve-qui-peut général, se dirigèrent d'instinct vers le nord. Campement, munitions, artillerie, bagages, papiers, tout fut abandonné. Les fuyards, attaqués et pillés au passage par les douars soumis la veille, franchirent l'oued Rbia, et les Beni-Meskin, les Bou-Ziri et les Ben-Daoud achevèrent de les détrousser. Du 21 au 23 août, les débris de cette armée arrivaient à Settat, où nos lignes donnaient asile au sultan vaincu.

Non seulement les contingents hafidiens n'osaient approcher de l'oued Rbia, mais encore l'attitude des tribus chaouïas en la circonstance est à remarquer. A part quelques actes de pillage aussitôt réprimés, « la présence de nos troupes et les mouvements des colonnes croisant dans la zone frontière ont maintenu la tranquillité... La Chaouïa n'a pas été atteinte par le vent de rébellion et de fanatisme soufflant de l'intérieur. Ces heureux résultats, qui ont maintenu intact, dans l'extrême-sud de la Chaouïa le prestige de notre justice et de notre force, sont dus à l'action de nos troupes, et particulièrement à l'activité des chefs de la colonne mobile et des détachements régionaux... » Le général Moinier et le lieutenant-colonel Brûlard recueillirent la mission franco-anglaise ; le lieutenant-colonel du Fretay aida les éléments de la mahalla à franchir l'oued Rbia... Signalons enfin « l'entrain et le dévouement audacieux de 8 cavaliers mokhrazni du service des renseignements de Settat, qui retrouvèrent la mission... L'apparition des cavaliers marocains à notre solde fut décisive pour maintenir les populations dans le devoir et ramener le calme dans les tribus ». (Ordre général n° 81.)

Chute d'Abd-el-Aziz.

La nouvelle du désastre d'El-Adjiba parcourut le Maroc en quelques jours : successivement Tanger, Rabat, Salé, Arzila, Larach, Mazagan, Safi, Mogador... proclamaient Hafid. La ville de Casablanca seule restait fidèle momentanément à Abd-el-Aziz et les prières continuaient à y être dites au nom de ce dernier.

Tandis que Mtougui continuait la lutte, Hafid déclarait reconnaître l'Acte d'Algésiras et tous les engagements précédents, réclamait le concours européen pour mener à bien les réformes prévues, et demandait encore une fois sa reconnaissance officielle ; Abd-el-Aziz, dont la mahalla avait été désarmée à son entrée dans nos lignes, attendait placidement dans son camp d'Aïn-Rebouila, à 4 kilomètres de Casablanca, les décisions des puissances.

La note franco-espagnole du 11 septembre était la base des négociations relatives à la reconnaissance de Moulay-Hafid ; les principales conditions posées étaient : la promesse de respecter l'Acte d'Algésiras, sans restrictions ni réserves, et de désavouer la guerre sainte ; l'engagement de se conformer à tous les traités internationaux conclus par le Maroc et à leurs conséquences (notamment en ce qui concerne la question pécuniaire) ; l'engagement de rembourser, conformément aux précédents juridiques, les dépenses occasionnées par les troubles (indemnités dites « de Casablanca ») et par les mesures d'ordre que ces troubles ont nécessitées (indemnités de guerre) ; le règlement équitable et d'accord de la situation d'Abd-el-Aziz.

Ces négociations devaient aboutir à la renonciation au trône du sultan vaincu, qui se retirait à Tanger, et à la reconnaissance de Moulay-Hafid comme chérif du Maroc (janvier 1909).

VII

Résultats de l'occupation française. — Conclusion.

Le 12 juillet 1908, les brigades mobiles rentraient à Casablanca. De tous les postes de l'intérieur, des troupes venaient à la base assister à la revue du 14. Dans chaque détachement régional, les officiers du service des renseignements avaient recruté des goums temporaires, embryons des goums réguliers futurs : les cavaliers chaouïas vinrent poser leur tente près de celle de nos soldats. Peu d'endroits abrités par le pavillon français virent célébrer la fête nationale avec plus de solennité qu'en Chaouïa. Et ce fut avec une patriotique émotion et une fierté légitime des résultats acquis que les assistants français virent, derrière nos escadrons, défiler au galop de charge les contingents de nos ennemis d'hier.

Ces mêmes cavaliers devaient accompagner Abd-el-Aziz dans sa malheureuse expédition sur Marrakech et tourner bride devant l'ennemi... Un an plus tôt, la Chaouïa se fût ralliée au vainqueur : domptées, les tribus ne bougeaient, et les notables de Casablanca n'osaient proclamer Hafid.

Encerclés par nos postes, les habitants, enfin en sécurité, ne songeaient plus qu'à vaquer à leurs occupations coutumières, à vendre leurs produits, achetés en grande partie et largement payés soit par l'intendance, soit par les militaires du corps de débarquement, sans être obligés à tout instant de courir aux armes pour repousser le fisc chérifien ou le rezzou pillard.

Parallèlement à l'autorité militaire française, les caïds, régulièrement investis, remplissent leurs fonctions sans heurts, règlent les différends, répartissent les charges et les corvées, perçoivent les impôts, etc... La réputation de notre force et de notre justice a passé les frontières de la Chaouïa, reconnaissante de notre occupation, sans aigreur et sans haine désormais contre ses vainqueurs. Ce pays jouit d'un tel calme que nombre de tribus voisines, avides de tranquillité, ont réclamé la présence de nos troupes.

Casablanca et son commerce.

Ce n'est pas seulement au point de vue moral que s'est exercée notre influence : rien n'a été négligé de ce qui pouvait accroître les transactions commerciales au profit de tous, ou de ce qui devait contribuer à la prospérité future du pays et au bien-être de ses habitants.

La ville de Casablanca a été réédifiée. Le commandant Mangin avait trouvé, le 7 août 1907, à son débarquement, une cité en ruines, malsaine et livrée à l'anarchie ; les autorités chérifiennes terrorisées avaient disparu, les ressources financières étaient nulles, tout était à réorganiser. Quelques semaines après, les chefs de service du maghzen, retrouvés ou remplacés, étaient de nouveau installés dans leurs fonctions ; les droits de portes, d'abattoir, de marché — perçus à l'aide de carnets à souche, procédé tout de suite apprécié des indigènes — commençaient à alimenter les finances urbaines ; la ville était assainie, un service de la voirie ayant été organisé ; les égouts étaient visités et réparés, une route construite de Bab-

Marrakech à Souk-Djedid, à travers le dédale sordide du Tnaker ; des enceintes en pierres sèches — plus tard des murs — entouraient les marchés ; l'éclairage public, une innovation au Maroc, était assuré par le produit de la vente des objets provenant du pillage... Des tirailleurs de choix faisaient les fonctions d'agents de police, de chefs de chantier. Ainsi, peu à peu, on passait de la période d'occupation militaire (août) à un régime normal : administration et autorité du maghzen.

L'œuvre du commandant Mangin a été poursuivie par ses successeurs : aujourd'hui, Casablanca pourrait rivaliser avec nos villes d'Algérie. Les rues ont été réfectionnées, des adductions d'eau, faites près de Souk-Djedid, verdissent des jardins anglais, tracés et plantés par nos légionnaires, sur l'emplacement des anciens dépotoirs ; la place de Sidi-bel-Yout est devenue une promenade fréquentée qui conduit à l'hippodrome, inauguré le 14 juillet 1908. Des magasins de tout genre servent la clientèle de toute nationalité qui s'est fixé ici depuis les événements. Au dire des gens depuis longtemps établis dans le pays, jamais Casablanca ne fut aussi peuplée, prospère et commerçante.

La récolte faite, journellement un millier de chameaux chargés de céréales acquittent les droits de porte. Les jetées d'un port qui prend tous les jours de l'extension, le deuxième du Maroc, sont en bonne voie. En fin 1908, le commerce total de Casablanca avait triplé, les importations augmentant de 10 millions de francs (contre 6.700.000 à Mazagan et 19.000.000 à Rabat (1). Les autorités maritimes françaises se sont

(1) Résultat des statistiques douanières pour le 1er semestre 1908, comparé à celui de la même période en 1907.
Total des importations : 4.611.111 francs, contre 3.021.610 francs.

efforcées d'assurer, au profit de tout le monde, le service des déchargements (accorage), difficile en raison de la pénurie du matériel.

Travaux publics divers et voies de communication.

Génie et infanterie du corps de débarquement ont rivalisé d'entrain dans l'exécution des travaux d'utilité publique.

Les kasbas de l'intérieur ont vu relever leurs remparts et restaurer leurs habitations. Des équipes de puisatiers (lieutenant de Saint-Germain) ont nettoyé, aménagé des puits séculaires et fait jaillir des sources artésiennes. La carte de la région des Chaouïas a été dressée par le service topographique ; le pays a été parcouru en tous sens, et de nombreux itinéraires ont été relevés par les officiers du corps de débarquement.

Casablanca se relie par la télégraphie sans fil (compagnie Pepp) aux villes du littoral, par des installations militaires à Ber-Rechid et au camp du Boucheron. Un réseau de 700 kilomètres de fils télégraphiques sur poteaux, desservi par dix postes, unit Casa-

---

Total des exportations : 1.948.207 francs, contre 2.203.807 francs (la baisse provient de la mauvaise récolte et de l'état de guerre). Commerce total dans les mêmes périodes : 6.559.718 francs, contre 5.225 477 francs. Le courant des transactions n'a pas été rétabli au seul profit de la France, puisque, en dépit des protestations allemandes, la statistique du port accuse un relèvement de leur commerce.

Importations allemandes (janvier-juillet 1908) : 235.386 francs, contre 90.868 francs en 1907. Exportations : 857.912 francs, contre 885.320 francs.

Commerce français : importations, 1.032.275 francs, contre 1.739.309 francs; exportations, 444.887 francs, contre 859.326 francs.

Mouvement des navires : 183 contre 153 (navires de guerre et transports non compris) : français, 61; anglais, 38; espagnols, 34; allemands, 25; italiens, 14.

blanca à Azemmour, Bou-Znika vers Rabat, Settat, le Boucheron, Sidi-Sliman. La télégraphie optique et le téléphone assurent les communications des postes militaires entre eux et avec leurs annexes.

Les anciennes pistes de chameliers, incertaines dans leur tracé, hérissées de rochers, impraticables en hiver, ont été remplacées en grande partie par des routes carrossables et empierrées, à pentes régularisées, où circulent des diligences (Settat et Rabat), mode de locomotion tout nouveau ici. La sécurité rétablie a permis à des officiers d'aller reconnaître, presque seuls, les régions inexplorées des Achach et des Beni-Oura.

Le voyageur franchit maintenant l'oued Neffifik à son embouchure par un hardi pont de bois, tout en chêne de France, long de 188 mètres, large de 4, construit du 15 juin au 25 août 1908 par la compagnie du génie 26/4 et un peloton du 4e zouaves. Ce pont rend le franchissement de la rivière possible à toute heure, indépendamment des marées ; « il donnera à tous un exemple de nos moyens de création, de nos méthodes de travail et des sentiments désintéressés qui nous guident. Le pont est accessible non seulement aux colonnes de toutes armes, mais encore, et sans aucun droit de péage, aux étrangers, aux Marocains, à leurs convois... La France confie cet ouvrage d'art à la garde du peuple marocain ». (Général d'Amade. Ordre n° 83.) En commémoration du souvenir de l'officier du génie qui dirigea les travaux et mourut à l'hôpital de Ber-Rechid le 28 octobre 1908, ce pont porte le nom de « pont Blondin ».

Des appontements ont été construits à Azemmour sur les berges de l'oued Rbia ; une cinquenelle métallique a été établie, qui permet le passage de la rivière même aux hautes eaux, en temps de crue.

Enfin, une petite voie ferrée Decauville, construite par la compagnie du génie 26/2, le 1er zouaves et le 2e étranger, ainsi que des auxiliaires indigènes, relie, depuis le 19 septembre 1908 (jour de son inauguration), Casablanca à Ber-Rechid. 42 kilomètres de rails furent posés en 94 jours. « La nouvelle ligne n'aura pas seulement pour effet de faciliter et d'accélérer les transports. Nous lui voyons atteindre un but plus élevé. Elle appellera l'attention sur les régions parcourues, régions dignes d'attirer les efforts de nos compatriotes. Elle a déjà rapproché en une cordiale et amicale collaboration les soldats français et les ouvriers indigènes : ces derniers ont dressé leur gourbi près des tentes de nos soldats... Français et Marocains sont deux natures identiques qui se sont reconnues l'une dans l'autre et ont fraternisé sur le chantier. La première ligne ferrée qui, de l'Atlantique, cette Méditerranée de demain, pénètre au cœur du Maroc, a été inaugurée aux cris de « Vive la France », poussés par 500 Marocains, nos auxiliaires dans cette œuvre de civilisation et de paix. Le fait est acquis, l'histoire le retient, la France l'enregistre à l'actif de ses soldats. » (Général d'Amade. Ordre n° 89.)

L'action militaire semble terminée aujourd'hui ; c'est aux individualités de s'affirmer, à leur tour, en matière commerciale et surtout agricole ; si l'on n'y prend garde, les syndicats anglais ou allemands auront bientôt accaparé terres, forêts et débouchés industriels.

Il appartient à nos compatriotes qui disposeraient de capitaux d'affirmer l'énergie et l'initiative de notre race, et de montrer sur ce sol nouveau, d'une merveilleuse fécondité, que la France produit toujours des pionniers de la colonisation.

CONCLUSION

« Il y a des guerres, dit le général d'Amade (ordre n° 92), qui détruisent et laissent derrière elles des ressentiments : celle que vous avez faite ici a rendu au Maroc la prospérité et la vie. Elle vous assurera la reconnaissance d'un peuple. Partout, les campagnes se repeuplent, les marchés reprennent leur activité, et, des ruines amoncelées avant votre arrivée, surgissent aujourd'hui les kasbas que vous avez reconstruites... Il vous a fallu moins de six mois pour que cette transformation s'accomplît : installation de postes, création de routes et de chemins de fer, pose de lignes télégraphiques, construction de ponts, aménagement de berges de fleuves ; vos travaux ont fait l'admiration des Marocains et des étrangers. La France seule n'a pas manifesté son étonnement, car elle a reconnu en vous les fils de ceux qui lui donnèrent l'Algérie et la Tunisie.

» Ouvriers de l'œuvre commune, réjouissons-nous du résultat : c'est l'œuvre de la France qui s'imprime et laisse sa trace bienfaisante sur un sol nouveau. » (Ordre n° 55.)

... Il s'est trouvé pourtant des adversaires de notre politique marocaine qui ont qualifié d' « inféconde » notre intervention en Chaouïa, et de « nuls » les résultats obtenus. Le témoignage d'un important organe de la presse allemande (le *Tageblatt*) suffirait à réfuter des assertions si contraires à l'évidence : « ... En dépit de toutes les criailleries contre l'action française à Casablanca et dans la Chaouïa, on peut dire que c'est elle qui a fait renaître la vie dans les ruines accumulées par des siècles de féodalité et d'anarchie. »

L'armée française a accompli sa tâche civilisatrice avec la vigueur qui donne les promptes solutions, avec sa traditionnelle humanité qui attache les vaincus. « Nos gouverneurs et nos généraux ne font que continuer les traditions des pacificateurs de l'Algérie, en y apportant quelque chose de plus que la bonté : ce sentiment de justice et de solidarité qui est le propre de notre race et de notre époque, qui survit à tous les antagonismes, à toutes les luttes, à toutes les batailles et finit par s'imposer comme une règle, comme un devoir, comme une loi. » (M. Pichon.)

Le gouvernement français a exécuté son mandat avec un désintéressement et une loyauté qui ont rehaussé encore son prestige, non seulement aux yeux du Maroc, mais aussi aux regards du monde entier, et, finalement, ont eu raison des rivalités, des querelles, dissipé tous les malentendus et éclairci l'avenir. (Accord franco-allemand du 9 février 1909.)

L'œuvre de paix et de réorganisation étant en voie d'achèvement, l'imagination de ceux qui combattirent là-bas se complaît dans le souvenir de cette fugitive « vision tricolore » — évocation du général d'Amade aux yeux des officiers et soldats du 1er échelon d'Algérie rapatrié — flottant au-dessus de la Chaouïa, illustrée par tant de dévouements aux causes inséparables de la France et de la civilisation.

Alger, 15 mars 1909.

ANNEXES

I

Tribus et fractions de tribus de la Chaouïa.

Tribu.	Fractions.	Résidence du Caïd.	Population.
Médiouna. . .	Oulad Habbou. . . . Oulad adb ed Daim. Oulad Haddou. . . .	Kasba Médiouna.	8.750
Ouled Zian. .	Moualin ed Draoua. Moualin el Oued. . . Soualem Moualim Trifia.	Dar-Aïdi	13.300
Ouled Harriz	Ouled Yacoub. . . . . Ouled Youssef . . . . Ouled Djabeur. . . .	Ber-Rechid.	25.000
Chtouka	Moualin Talaa. . . . . Moualin el Ouldja. .	En tribu.	9.000
Chiedma . . .	Chiedma. . . . . Soualah.	Dar el Maïzi. . . .	6.000
Ouled Saïd. .	Mzoura.	Kasba Ayachi. . .	25.000
	Ouled Abbou.	En tribu.	
	El Hedani.	—	
	Moualin Hofra. . . .	—	
Mzamza et Guedana.	Ouled Arous et El Azaïr. . . . . Ouled Fedder. . . . . Derbala. . . . . Moualin el Oued. . . Ouled Hamed. . . . . Beni Meyerich et Ouled Oreibi. . . . . Guedana.	Settat.	25.000
Mzab.	Mlal. . . . . Beni Brahim et Chebana. . . . . Mrah. . . . . Achach.	Kasba ben Ahmed	65.000
Ouled Sidi ben Daoud.	16 fractions.	En tribu.	14.000
Ouled bou Zir	Ouled Mhamed. . . .	En tribu.	10.000

Tribu.	Fractions.	Résidence du Caïd.	Population.
Mdakra. . . .	Ouled Yessef. . . . . Touama. . . . . Mellita. . . . . Ouled Haffif. . . . . . Toualitz. . . . . Beni Agrine. . . . . . Douar Larbaa.	Temacni.	
Mdakra (*suite*)	Rihima. . . . . Souimah. . . . . Ouled Sebbah. . . . . Moualin el Outa. . . Mellila. . . . . Allel. . . . . Moualin el Ghaba. . Ouled Ali.	Temacin.	25.000
Ziaïda.	Moualin el Outa. . . Moualin el Ghaba. . Beni Oura.	En tribu.	10.000
Zenata.	Medjejba. . . . . Beni Iklef. . . . . Ouled Maza.		6.000

D'après l'*Annuaire du corps de débarquement de Casablanca* (1908).

II

Tableau des forces françaises à Casablanca en juillet 1908.

Commandant du corps de débarquement : général D'AMADE.

Chef d'état-major : colonel Malaguti ; sous-chef d'état-major : lieutenant-colonel Frisch.

Commandant des forces navales : contre-amiral BERRYER.

Chef d'état-major : capitaine de vaisseau Viaux.

Forces débarquées.

Infanterie : 7 régiments de marche.

1er régiment. — Lieutenant-colonel Passard (D. R. M.),

comprenant : le 1er bataillon du 1er tirailleurs, le 6e du 1er étranger, 1 section de mitrailleuses du 2e zouaves.

2e régiment. — Lieutenant-colonel DELBOUSQUET (2e brigade), 2e et 5e bataillons du 2e tirailleurs et section de mitrailleuses.

3e régiment. — Lieutenant-colonel BRULARD (C. M. M.) : 1er et 4e bataillons du 2e étranger et section de mitrailleuses.

4e régiment. — Lieutenant-colonel TAUPIN (1re brigade) : 1er et 5e bataillons du 3e tirailleurs, section de mitrailleuses du 2e zouaves.

5e régiment. — Commandant DELAVEAU (C. M. M.) : 3e et 4e bataillons du 4e tirailleurs, section de mitrailleuses du 1er zouaves.

6e régiment. — Lieutenant-colonel GROSS (base) : 3e bataillon du 1er zouaves, 4e bataillon du 4e zouaves, section de mitrailleuses du 1er zouaves.

7e régiment. — Lieutenant-colonel MICHARD (D. R. Z.) : 2 bataillons sénégalais.

Cavalerie : colonel DÉAN DE LUIGNÉ.

1 régiment à 7 escadrons : 2e escadron du 1er chasseurs d'Afrique, 1er et 4e escadrons du 3e chasseurs, 1er escadron du 5e, 3e du 6e. A chaque escadron (ou groupe d'escadrons) est rattachée 1 section de mitrailleuses de cavalerie.

4e escadron du 1er spahis, 3e du 3e spahis.

1 goum algérien (Biskra et Djelfa), 1 goum marocain.

Artillerie : lieutenant-colonel WACK.

Groupe de 5 batteries (chef d'escadron MASSENET) : 4 batteries montées (15e et 17e du 12e régiment, 17e et 18e du 13e régiment, 1 section isolée).

1 batterie de montagne à 3 sections.

4 sections de canons de 37 millimètres de la marine.

Parc d'artillerie et détachement de la 4e compagnie d'ouvriers d'artillerie.

Génie : lieutenant-colonel CALONNI.

Compagnies 26/1, 26/2, 26/4 du 2e régiment du génie, détachement de télégraphistes du 5e génie.

Parc du génie.

Train des équipages : chef d'escadrons FULCHIC.

15e compagnie du 5e escadron du train, 12e compagnie du 16e escadron, 12e compagnie du 17e escadron.
Service de santé : médecin principal TRIFAUD, directeur.

Détachement de la 20e section d'infirmiers militaires.

Intendance : sous-intendant militaire LHOMME, directeur.

Détachement de la 20e section de commis et ouvriers d'administration.

Service des renseignements : chef de bataillon CUINET.

Service géographique : chef de bataillon PRUDHOMME.
Justice militaire : lieutenant BORREY, commissaire du gouvernement.
Forages artésiens : lieutenant DE SAINT-GERMAIN.
Service vétérinaire : vétérinaire en 1er BONNAFOUS.
Force publique : capitaine de gendarmerie MARCHAL.
Trésorerie et postes : payeur principal FRÉMONT.

III

Répartition des forces d'après l'ordre général 58, du 31 mai 1908.

1° FORCES MOBILES.

Aux ordres du général, assisté du chef d'état-major :
a) 1re brigade : colonel BOUTEGOURD. — 4e régiment de marche (lieutenant-colonel TAUPIN; bataillons WUILLEMIN et GODCHOT, du 3e tirailleurs), 1 section de mitrailleuses, 1er escadron du 3e chasseurs avec mitrailleuse galopante, 15e batterie du 12e régiment d'artillerie, train;
b) 2e brigade : colonel MOINIER. — 2e régiment de marche (lieutenant-colonel DELBOUSQUET; bataillons THOUVENY et VIENNOT, du 2e tirailleurs), 1 section de mitrailleuses, 4e escadron du 3e chasseurs, 17e batterie du 13e régiment, train;
c) Eléments non embrigadés : goums, section de munitions, génie, ambulance, trésor et postes.

2° FORCES STATIONNÉES.

a) *Base de Casablanca.*

Section fixe de l'état-major (lieutenant-colonel FRISCH), commandement de la place, direction des services, parcs, dépôt de remonte, 2 hôpitaux de campagne, pharmacie, etc.

6e régiment de marche (lieutenant-colonel GROSS; bataillons GLOXIN, du 1er zouaves, et THIERRY DE MAUGRAS, du 4e zouaves), 1 compagnie du 2e étranger, 1 peloton de spahis, train.

Petits dépôts d'infanterie et de cavalerie.

b) *Postes régionaux de la périphérie.*

a) Camp du Boucheron et annexes (fort Sylvestre, Gara des Mdakras, Dar-Cherki, fort Youlas, fort Rumeau, fort Gurgens, Moul-Tala). (D. R. M.) Colonel BRANLIÈRE, commandant la 3e brigade. — 1er régiment de marche (lieutenant-colonel PASSARD; bataillons BOUSQUIER et D'ETAULES), 1 compagnie de sénégalais, 1 section de mitrailleuses, 5e chasseurs et mitrailleuse galopante, 1 peloton de spahis; 18e batterie du 13e régiment, 1 section de montagne, 1 section de 37, génie, train, intendance, santé, trésor et postes;

b) Sidi-ben-Sliman (D. R. Z.) : lieutenant-colonel MICHARD. — Bataillon sénégalais SAVY (3 compagnies), 1 compagnie du 4e tirailleurs, 1 compagnie du 2e étranger, 1 poloton de spahis, 2 sections de montagne, génie, santé, intendance;

c) Kasba-ben-Ahmed (D. R. A.) : lieutenant-colonel DU FRÉTAY. — 2 compagnies du 4e tirailleurs (commandant BEULÉ), 1 compagnie de sénégalais, 1 compagnie du 2e étranger, 1er chasseurs et mitrailleuse galopante, 1 peloton de spahis, 1 section de 75, génie, santé, intendance, trésor et postes;

d) Settat (C. M. M.) : lieutenant-colonel BRULARD. — Bataillon SZARWAS, du 2e étranger (3 compagnies), bataillon DELAVEAU, du 4e tirailleurs (3 compagnies), 1 section de mitrailleuses, 6e chasseurs avec mitrailleuses, 1 peloton de spahis, 17e batterie du 12e régiment, génie, intendance, santé, train, trésor et postes;

e) Kasba des Ouled Saïd (D. R. O. S.) : commandant HAILLOT. — 1 compagnie du 4e tirailleurs, 1 compagnie du 2e étranger, 1 peloton du 6e chasseurs, 1 section de 37, intendance, santé.

c) *Postes des lignes de communication, gîtes d'étape.*

a) Ber-Rechid : 2 compagnies de sénégalais, 1 compagnie du 2e étranger, 1 peloton de spahis, 1 section de 37, 1 sous-intendance, 1 hôpital de campagne, postes;

b) Médiouna : 1 compagnie de sénégalais, 1 peloton de spahis, intendance, santé;
c) Dar-Miloudi : 1 peloton d'infanterie;
d) Fédhala : 1 section d'infanterie;
e) Bou-Znika : 3 sections du 4e tirailleurs, 1 peloton de spahis, santé, intendance.

Effectif du 25 juillet 1908 : 14.182 rationnaires. — Casablanca, 3.753; D. R. M., 3.481; D. R. A., 1.053; D. R. Z., 945; C. M. M., 1.404; D. R. O. S., 395; Ber-Rechid, 947; Médiouna, 174; Fédhala, 60; Bou-Znika, 184; 2e brigade, 1.706.

IV

Force navale française au Maroc.

NAVIRES.

Croiseurs cuirassés à 4 tourelles : *Kléber* (pavillon de l'amiral), *Desaix.*
Croiseurs de 2e classe : *Descartes, Cassard, Isly, Friant, Chasseloup-Laubat, Cassini.*
Croiseurs de 3e classe : *Forbin, Galilée, Lalande, Surcouf.*
Transports : *Gironde, Drôme.*

POLICE MAROCAINE FRANÇAISE.

1 tabor (compagnie de 100 hommes), instruit à la française : capitaine Poulet.

Forces espagnoles.

Lieutenant-colonel Bernal, commandant les forces espagnoles de Casablanca. — 2 compagnies du 69e régiment d'infanterie (Ceuta) et 2 mitrailleuses.

POLICE MAROCAINE ESPAGNOLE.

Capitaine Ovilo. — 1 tabor instruit à l'espagnole.

V

Quelques étapes en Chaouïa.

Les chiffres qui suivent fixeront les idées du lecteur sur les distances qui séparent certains points de la Chaouïa; ils montreront en même temps l'endurance et la capacité de marche dont l'infanterie du corps de débarquement a fait preuve au cours des randonnées effectuées sous les ordres du général d'Amade.

Ces marches sont, en particulier, celles qu'exécuta le 3e bataillon du 1er régiment de zouaves.

1° *Colonne du* 12-19 *janvier* 1908 *en Chaouïa méridionale.*

12 janvier, 18 kilomètres; étape : Casablanca à Médiouna.
13 janvier, 22 kilomètres; étape : Ber-Rechid.
14 janvier, 10 kilomètres; opération : Dar-Hadj-Hammou, retour.
15 janvier, 70 kilomètres; combat : Settat, retour.
16 janvier, repos.
17 janvier, 22 kilomètres; étape : Médiouna.
18 janvier, 24 kilomètres; reconnaissance : Sidi-Aïssa, retour.
19 janvier, 18 kilomètres; étape : Casablanca.
Total : 8 jours, 184 kilomètres; étape moyenne : 23 kilomètres.

2° *Colonne du* 21-26 *janvier en Chaouïa orientale.*

21 janvier, 23 kilomètres; étape : Casablanca, Fédhala.
22 janvier, 27 kilomètres; étape : Bou-Znika.
23 janvier, 30 kilomètres; étape : Ber-Rebah.
24 janvier, 30 kilomètres; combat : Aïn-Mkoun.
25 janvier, 35 kilomètres; étape : Médiouna.
26 janvier, 18 kilomètres; étape : Casablanca.
Total : 6 jours, 163 kilomètres; étape moyenne : 27 kilomètres.

3° *Colonne du* 3-13 *février en Chaouïa méridionale.*

3 février, 18 kilomètres; étape : Casablanca, Médiouna.
4 février, 27 kilomètres; étape : Dar-Hadj-Hammou.
5 février, 22 kilomètres (12+10); étape et combat : Zaouïa. Sidi-el-Mekki.
6 février, 60 kilomètres; combat : Settat et retour.
7-8 février, repos.
9 février, 15 kilomètres; étape : rochers des Ouled Zirs.
10 février, 24 kilomètres; étape : kasba des Ouled Saïd.
11 février, 24 kilomètres; étape : Dar-ould-Fatima.

12 février, 22 kilomètres; étape : Dar-Hadj-Hammou.
13 février, 5 kilomètres; étape : Ber-Rechid.
Total : 11 jours, 217 kilomètres; étape moyenne : 19 kilomètres.

4° *Colonne du* 16-19 *février aux Mdakras.*

16 février, 28 kilomètres; étape : Ber-Rechid à Settat.
17 février, 25 kilomètres; étape : Sidi-Ali (oued Tamazer).
18 février, 25 kilomètres; combat : Sidi-Daoud.
19 février, 32 kilomètres; étape : Sidi-Aïssa.
20 février, 30 kilomètres; étape : Casablanca (10e compagne, 1er zouaves).
Total : 5 jours, 140 kilomètres; étape moyenne : 28 kilomètres.

5° *Colonne du* 27 *février*-5 *mars aux Mdakras.*

27 février, 18 kilomètres; étape : Casablanca à Médiouna.
28 février, 21 kilomètres; étape : Sidi-Medjoub.
29 février, 45 kilomètres; combat : Rfakas, Aïn-Mkoun.
1er mars, 32 kilomètres; étape : Sidi-ben-Sliman.
2 mars, 32 kilomètres; reconnaissance : Sidi-Ismaïl, retour.
3 mars, 26 kilomètres; étape : Bou-Znika.
4 mars, 25 kilomètres; étape : ouled Meffifik.
5 mars, 27 kilomètres; étape : Sidi-Hadjaj-Zénati.
Total : 8 jours, 226 kilomètres; étape moyenne : 28 kilomètres 500.

6° *Colonne du* 7-16 *mars.*

7 mars, 28 kilomètres; étape : Sidi-Hadjaj à Oued-Ayata.
8 mars, 40 kilomètres; combat : Mqarto, Sidi-Mbarek.
9 mars, 12 kilomètres; étape : Sidi-Abd-el-Kérim.
10 mars, 33 kilomètres; combat : Kasba-ben-Ahmed, Sidi-Aïdi.
11-12 mars, 15 kilomètres; étape : oued Tamazer.
13 mars, 26 kilomètres; étape : Settat.
14 mars, 20 kilomètres; étape : kasba Ouled Saïd.
15 mars, 70 kilomètres; combat : Dar-Fatima, Ourimi, retour.
16 mars, 20 kilomètres; étape : Dar-Fatima à Dar-Hadj-Hammou.
Total : 10 jours, 264 kilomètres; étape moyenne : 26 kilomètres 400.

7° *Colonne du 27-30 mars aux Mdakras.*

27 mars, 27 kilomètres; étape : Médiouna à Oued-Ayata.

28 mars, repos. Le mauvais temps rend impossible tout mouvement.

29 mars, 40 kilomètres; combat : Sidi-Aceila.

30 mars, 8 kilomètres : camp du Boucheron.

Total : 4 jours, 75 kilomètres; étape moyenne : 18 kilomètres 500.

8° *Colonne du 6-24 avril.*

6 avril, 43 kilomètres; étape : Boucheron à Hadj-Hammou.

7 avril, 33 kilomètres; étape : Settat.

8 avril, 25 kilomètres; combat de nuit et poursuite.

9, 10 et 11 avril, travaux.

12 avril, 72 kilomètres; combat : Dar-Temacin et retour.

13, 14 et 15 avril, travaux.

16 avril, 20 kilomètres; étape : Settat à kasba Ouled Saïd.

17 avril, 30 kilomètres; étape : Khemisset et Tallaouit.

18 avril, 16 kilomètres; étape : Settat.

19, 20 et 21 avril, travaux.

22 avril, 25 kilomètres; étape : Ras-el-Aïn.

23 mars, 20 kilomètres; étape : Ben-Ahmed.

24 avril, 52 kilomètres; combat : oued Mzabern et retour.

Total : 19 jours, dont 10 de marche, au cours desquels furent effectués 336 kilomètres.

Sont encore à signaler les journées des 16, 17 et 18 février, où la colonne de Bou-Znika, arrivée à Ber-Rebah, livra deux violents combats et retourna à Fedhala (parcours : 58 kilomètres).

28 avril, 35 kilomètres; reconnaissance de Ben-Ahmed au Mqarto et retour.

1er mai, 42 kilomètres; reconnaissance région est de Ben-Ahmed.

8 mai, 30 kilomètres; combat de l'oued Atteuch.

12 mai, 35 kilomètres; reconnaissance du Boucheron au Mqarto et retour.

15-16 mai, 40 kilomètres; combat de Berrighit.

23 mai, 50 kilomètres; reconnaissance du camp Boulhaut à Zaouïa-Sidi-Omar et retour.

29 mai, 50 kilomètres; reconnaissance du camp Boulhaut à l'oued Cherrat.

TABLE DES MATIÈRES

CROQUIS.

Paris et Limoges. — Imp. milit. Henri CHARLES-LAVAUZELLE.

RÉGION DE CASABLANCA

D'après la carte provisoire de la Chaouïa au 200.000e (Service géographique), la carte au 100.000e, levée par le Service topographique du corps de débarquement, et divers itinéraires d'officiers.

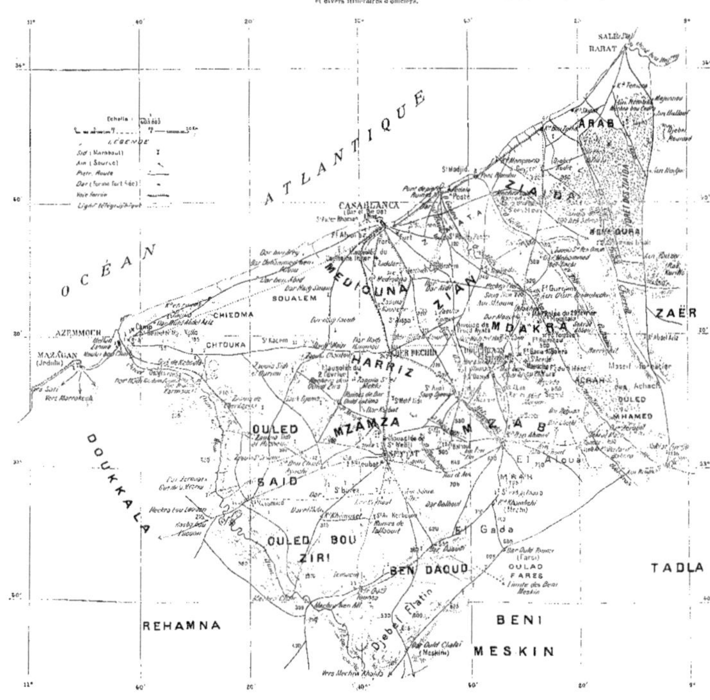

www.ingramcontent.com/pod-product-compliance
Ingram Content Group UK Ltd.
Pitfield, Milton Keynes, MK11 3LW, UK
UKHW020254250726
13967UKWH00004B/1673

9 782011 913562